Rainer Patzelt / Heino Riechers

# Themenplan Ballade

Auer Verlag GmbH

Gedruckt auf umweltbewusst gefertigtem, chlorfrei gebleichtem
und alterungsbeständigem Papier.

1. Auflage. 1999
Nach der Neuregelung der deutschen Rechtschreibung

Illustration: Charlotte Wagner
Gesamtherstellung: Ludwig Auer GmbH, Donauwörth
ISBN 3-403-0**3182**-9

# Inhalt

# 1. Geschlossen versus beliebig – Anmerkungen zur Diskussion um „offenen Unterricht" und Themenplanarbeit

In der Praxis des Schulalltages schlagen gerade heute die Wellen um den besseren Unterricht wieder höher. Anlass für diesen Streit ist die Forderung an Schulen als Institutionen und an Lehrerinnen und Lehrer als Unterrichtende, sie müssten sich entsprechend der veränderten gesellschaftlichen Bedingungen verhalten, wie sie ihnen in Gestalt der Schülerinnen und Schüler entgegentreten und dazu gehöre als Konsequenz die Öffnung von Schule und Unterricht. In der einschlägigen Diskussion um Unterrichtsorganisation wird dabei mit unterschiedlichen Gegensatzpaaren ein Streit ausgetragen:

- lehrerzentrierter versus schülerzentrierter Unterricht
- inhaltsbezogener versus interessenbezogener Unterricht
- Frontalunterricht versus Freiarbeit.

Für die als Reformansätze geltenden Bestrebungen in der Auseinandersetzung um Unterrichtsformen hat sich der Begriff OFFENER UNTERRICHT mittlerweile etabliert. Für den sogenannten traditionellen lehrerzentrierten Unterricht fehlt ein solches Schlagwort. Dass allein schon die Bezeichnung „offener Unterricht" Abwehrreaktionen hervorruft, sollte niemanden wundern. Denn was anderes als „geschlossener Unterricht" kann – in einer auch emotional geführten Diskussion um die Veränderung von Schule – die Opposition zu dem Begriff „offener Unterricht" sein; und wer denkt da nicht gleich an „geschlossene Anstalt"? Mit diesem Bild möchte wohl kaum ein Lehrer oder eine Lehrerin sich und den Unterricht belegt sehen. Der Begriff allein schafft schon Probleme.
Eine sich als neu begreifende veränderte Theorie und Praxis nimmt mit der Selbstbezeichnung gezwungenermaßen Stellung zu dem, wovon sie sich abgrenzen will, ein. Es geht bei der Einführung und Suche nach (neuen) Unterrichtsformen nicht nur um etwas anderes, sondern mindestens um den Versuch, etwas Besseres als die bestehende Praxis zu erreichen. Die Auseinandersetzung um den „offenen Unterricht" wird vielerorts auch deshalb so schwierig, weil kaum klar ist, was offener Unterricht ist, was er bewirken soll und wie man ihn praktiziert. Die Diskussion bleibt auf der begrifflichen Ebene ein Kampf gegen Windmühlen und wird auf unterrichtlicher Ebene zu einem verdeckten Konkurrenzkampf zwischen Lehrenden.

## *Offener Unterricht*

Für einen langen Zeitraum wurden Schülerinnen und Schüler und Lehrerinnen und Lehrer in ein starres Korsett von Richtlinien, vorformulierten (z. T. detailliert festgelegten) Lernzielen, bindenden Fachkonferenzbeschlüssen bis hin zu „parallelen Tests" geschnürt; Unterricht wurde sozusagen ausschließlich von oben nach unten oder von außen nach innen determiniert. Die Vernachlässigung der verschiedenen unterrichtlichen, schulischen, organisatorischen Rahmenbedingungen, klassen- bzw. lerngruppenspezifischen Situationen, Interessen und Individualität von Schülerinnen und Schülern und Lehrerinnen und Lehrern provozierte Spannungen und Probleme, die letztlich zum Scheitern dieses Unterrichtskonzeptes führ(t)en. Diese Unterrichtspraxis zog Frustrationen bei Lehrenden und Lernenden nach sich und schlug in den letzten Jahren in die Forderung nach einer anderen Praxis und die Postulierung der „Öffnung von Unterricht" (im Sinne eines dialektischen Prozesses) um. Dabei blieb zunächst (bis heute?) unscharf, was denn – außer dem Ausbruch aus der bestehenden Praxis – „offener Unterricht" sei.
In der einschlägigen Literatur wird „offener Unterricht" mit dem Anliegen begründet, Schülerinnen und Schüler in den Mittelpunkt von Unterricht zu stellen, sowie an deren Interessen und Lernmöglichkeiten anzusetzen. Und wer sich dieses Ziel steckt, darf sich nach Hermann Schulzes[1] Dafürhalten – er ist Referent für Lehrerfortbildung im niedersächsischen Kultusministerium – schon als Akteur der Reformbewegung des „offenen Unterrichts" ansehen.
Aus der Literatur ließe sich eine endlose Reihe von Zitaten anführen, die zur Beschreibung (nicht Definition) „offenen Unterrichts" dienen sollen. Sie zeichnen sich vor allem durch eine kaum eingrenzbare Menge von Bildern aus: Schule als Schmuseecke (Kann man schmusend den Akkusativ vom Dativ unterscheiden lernen?), Schule als Lernwerkstatt (Man frage einmal einen KFZ-Lehrling, was für ihn eine Werkstatt ist?), Schule als Lebens- und Erfahrungsraum (Auch in der sogenannten traditionellen Schule leben Schülerinnen und Schüler und machen reichlich Erfahrungen!).

1 Hermann Schulze: „... und morgen fangen wir an!" – Bausteine für Freiarbeit und offenen Unterricht in der Sekundarstufe, Soltau 1993

Da, wo die Bezeichnungen als solche klarer werden und schon fast den Charakter einer Terminologie annehmen, bleiben sie aber oft allgemein. Wulf Wallrabenstein z. B. kennzeichnet „offenen Unterricht“ als „Sammelbegriff für unterschiedliche Reformansätze in vielfältigen Formen inhaltlicher, methodischer und organisatorischer Öffnung mit dem Ziel eines veränderten Umgangs mit dem Kind auf der Grundlage eines veränderten Lernbegriffs“.[2] Und an anderer Stelle: „Öffnung heißt (...) zunächst ganz schlicht, dass die Kinder mit ihren Lernmöglichkeiten und ihren Einstellungen, mit ihrer Begeisterung für die Sache im Mittelpunkt des Unterrichts stehen.“[3] Problematisch wird diese Erklärung spätestens dann, wenn die Lehrpersonen in einer Klasse erleben, dass keine Interessen formuliert werden (können) und die Begeisterung für den Gegenstand genauso ausbleibt wie eigenständige Vorschläge oder dass das von den Lehrerinnen und Lehrern als wichtig erachtete Thema auf weniger Gegenliebe stößt als beispielsweise eine Schneeballschlacht. Soweit uns bekannt ist, gibt es keine in sich geschlossene Theorie und schon gar keine einheitliche Praxis des „offenen Unterrichts“. Dies soll hiermit auch nicht gefordert werden, sondern wir wollen vor allem darauf hinweisen, dass man sich nicht sinnvoll über etwas streiten kann, was es so gar nicht gibt, nämlich einen theoriegeleiteten Ansatz und dessen einheitliche Umsetzung in der Praxis.

## *Themenplanarbeit*

Statt eines Streites über einen unklaren Begriff wie „offener Unterricht“, wollen wir die Erstellung eines Themenplanes als Produkt kooperativer Unterrichtsplanung vorstellen. Sie hat zum Ziel, den Schülerinnen und Schülern im Unterricht Rahmenbedingungen für selbstbestimmtes, eigenverantwortliches und kritisches Lernen und Handeln zu schaffen.
Wer so genannten „offenen Unterricht“ allerdings nur betreiben will, weil dies anscheinend von aller Welt verlangt wird, und wer dann allein den herkömmlichen Unterricht mit einer Fülle von Papier zum monotonen Abarbeiten durch Schülerinnen und Schüler aufgibt und ihn so zerbröseln lässt, sollte die Finger davon lassen.
Themenplanarbeit ist ein Weg, Unterricht umzugestalten. Wochenplanarbeit, in die sich auch Themenpläne einfügen lassen, oder projektorientierter Unterricht wären darüber hinausgehende Schritte. Die Themenplanarbeit bietet sich sowohl für den Unterricht in der eigenen Klasse als auch für die Arbeit als Fachlehrer oder Fachlehrerin an.
Themenpläne zeichnen sich wesentlich dadurch aus, dass Lehrende den jeweiligen Unterrichtsstoff für eine gesamte Unterrichtseinheit vorstrukturieren. Diese Struktur beinhaltet einerseits die Festlegung eines gesetzten Kerns von Inhalten und ggf. auch einer Reihenfolge der Aufgabenstellungen, die von allen Schülerinnen und Schülern bearbeitet werden müssen (Pflichtaufgaben) und andererseits die Bereitstellung zusätzlicher Aufgabenstellungen, die fakultativ und erweiterbar sind (Wahlaufgaben). In welchem Verhältnis diese Bereiche zueinander stehen, hängt immer von der jeweiligen Klassensituation und dem Unterrichtsgegenstand ab.
Der Wahl- und Zusatzbereich kann nach unserer Erfahrung in dem Maße ausgedehnt werden, in dem die Schülerinnen und Schüler den selbstständigen und selbsttätigen Umgang mit den Themen praktizieren können und wollen.
Den Teilbereichen eines Themenplanes sind Arbeitsaufträge (Arbeitsblätter, Materialien, Medien ...) zugeordnet. Einer Übersicht über die Unterrichtseinheit können die Schülerinnen und Schüler Informationen entnehmen, die sie für die Planung ihrer Arbeit berücksichtigen müssen. So sind die Pflicht-, Wahl- und Zusatzaufgaben jeweils als solche gekennzeichnet und Hinweise auf Möglichkeiten zu Partner- oder Gruppenarbeit und auf vorliegende Lösungsblätter zur Selbstkontrolle hinzugefügt. Um sowohl für sich als auch für die Lehrperson einen Überblick über den Stand der Arbeit zu erhalten, müssen die Schülerinnen und Schüler für jede Unterrichtsstunde einen kurzen Arbeitsbericht führen.
Der Themenplan, die Arbeitsblätter und der Vordruck für den Arbeitsbericht sind auf einen Heftstreifen geklammert und bilden das „Materialpaket“, das die Schülerinnen und Schüler zu Beginn der Themenplanarbeit erhalten und in ihre in der Schule verbleibenden Ordner heften. Der Verbleib der Materialien in der Schule soll übereifrigen Eltern vorbeugen, den Plan an einem langen Wochenende durchzuarbeiten. Zudem gewinnt der Themenplan dadurch, dass er ständig im Klassenraum präsent ist, auch eine positive Bedeutung für Vertretungsstunden, in denen die Schülerinnen und Schüler nahtlos an ihm weiterarbeiten können. Bei Eltern entsteht

2 Wulf Wallrabenstein: Offene Schule – Offener Unterricht, Reinbek 1992, S. 54
3 Wulf Wallrabenstein: a. a. O., S. 34

zwar so häufig das Gefühl, nicht mehr über die Arbeit ihrer Kinder orientiert zu sein, aber dem lässt sich mit entsprechender Elternarbeit abhelfen.
Anhand des Themenplanes, mit den ausgehändigten und von ihnen selbst zum Thema mitgebrachten Materialien, den in der Klassenbibliothek vorhandenen Informations- und Nachschlagewerken und den sonstigen bereitgestellten notwendigen Utensilien arbeiten die Schülerinnen und Schüler selbstständig, in der von ihnen gewählten Reihenfolge, bei freier Wahl der Sozialform.

Themenplanarbeit stellt einen Schritt dar,

- die Schülerinnen und Schüler an mehr Selbstständigkeit in ihrer Arbeitsweise und in der Aneignung von Sachverhalten heranzuführen (Übernahme von Verantwortung für das Lernen durch die Schülerinnen und Schüler).
- auf Seiten der Schülerinnen und Schüler die Fixierung auf die Lehrperson abzubauen (Abbau fremdbestimmten Lernens), auf Seiten der Lehrerinnen und Lehrer den Druck zu nehmen, während der gesamten Unterrichtszeit allen Lernenden gerecht werden zu müssen.
- dass Lehrpersonen sich stärker als im lehrerzentrierten Unterricht mit einzelnen Schülerinnen und Schülern auseinandersetzen können (Hinwendung zu einzelnen Lernenden).
- nach Leistungsfähigkeiten in einer Klasse differenzieren zu können (innere Differenzierung und Reduzierung des Lernens im Gleichschritt).
- Unterrichtsthemen so zu gestalten, dass die unterschiedlichen Interessen und Neigungen der Schülerinnen und Schüler einen Raum bekommen (Erweiterung selbstbestimmten Lernens).
- Schülerinnen und Schüler bei der inhaltlichen und methodischen Gestaltung des Unterrichts auch tatsächlich einbeziehen zu können (Einbeziehung von Schülerfragestellungen und -materialien).
- das Lerntempo den individuellen Leistungs- und Lernmöglichkeiten anzupassen.

Themenpläne zu erstellen bedeutet für den Lehrer aber nicht, alle verfügbaren Arbeitsblätter aneinander zu heften und diese abarbeiten zu lassen. Die besondere Aufgabenstellung für Lehrerinnen und Lehrer besteht bei der Erstellung von Themenplänen in dreierlei:

1. Die Inhalte müssen sinnvoll eingegrenzt und nach didaktischen Kriterien aufeinander abgestimmt werden, so dass sie von möglichst allen Schülerinnen und Schülern bearbeitet werden können. Zugleich muss sichergestellt werden, dass wesentliche Unterrichtsinhalte auch erarbeitet werden können.
2. Die Arbeitsmaterialien sollen so aufgebaut sein, dass die Schülerinnen und Schüler sie auch tatsächlich selbstständig und gewinnbringend bearbeiten können.
3. Es müssen ausreichend Zusatzmaterialien zur Verfügung stehen, die bei den Schülerinnen und Schülern Interesse zur Weiterarbeit anregen.

Die Planung einer vollständigen Unterrichtseinheit zwingt

- zur didaktischen Durchdringung, Reduktion und Strukturierung,
- zur vorausschauenden Genauigkeit, weil ein späteres Eingreifen nicht gut möglich ist,
- zur ganzheitlichen, die Kleinschrittigkeit verlassenden Planung.

Die Durchführung einer vollständigen Unterrichtseinheit erfordert didaktische Kompetenz, Fantasie, Organisationsgeschick und methodische Beweglichkeit, denn schließlich sind vielfältige Unterrichtsmethoden nötig:
Von der individuellen Beratung, der Hilfestellung für Einzelne,
dem Geben von Impulsen,
dem freien und dem gebundenen Gespräch und der jeweiligen Gesprächsführung,
den fragend-entwickelnden Verfahren
bis zum Abfragen von Wissen,
ist ein umfangreiches methodisches Spektrum abzudecken.
Sowohl für die Erstellung (zwei, drei, vier Lehrerinnen oder Lehrer haben mehr Ideen und können arbeitsteilig tätig sein) als auch für die Durchführung (zwei, drei, vier Lehrerinnen oder Lehrer stellen ein Mehr an fachlicher und sozialer Kompetenz dar als eine einzelne Lehrperson) von Themenplanarbeit müssen wir als Lehrerinnen oder Lehrer auf Kooperation statt auf Sektierertum setzen und bereit sein, unsere fachliche Kompetenz zu erweitern, um Themenplanarbeit für uns als Unterrichtende und für die Schülerinnen und Schüler auf Dauer mit Erfolg gestalten zu können.
Um einen solchen – in seinem Kern an einem Themenplan orientierten – Unterricht zum Erfolg zu führen, reicht das Verteilen von Fotokopien nicht aus. Um die Themenplanarbeit herum müssen sich „flankierende“ Unterrichtsaktionen gruppieren – sonst könnte ein Schiffbruch programmiert sein.
Die unter der Überschrift „Strukturplan für die Themenplanarbeit“ folgenden Übersichten zei-

gen, mit welchen Planungs- und Arbeitsschritten Themenplanarbeit erfolgreich vorbereitet und abgeschlossen werden kann. Der Strukturplan gliedert die zu planende Unterrichtseinheit in sechs Phasen. Zu jeder gehören bestimmte „Bausteine".

Der Strukturplan erscheint auf den ersten Blick möglicherweise schon sehr umfangreich, ist aber bei weitem nicht vollständig. Der methodischen Fantasie der Lehrerinnen oder des Lehrers bleibt es überlassen, den aufgeführten Bausteinen weitere hinzuzufügen.

Allerdings werden in keiner Unterrichtseinheit alle Bausteine zu finden sein. Je nach Bedarf kann man sie berücksichtigen, auslassen oder ihnen weitere hinzufügen. Wichtig ist eine ständige Variation der Bausteine in verschiedenen Unterrichtseinheiten. Abwechslung muss gewährleistet sein!

Einige Bausteine werden wohl in den allermeisten Unterrichtseinheiten als Grundelemente auftauchen, andere (z. B. das Vorstellen der Methode) nur innerhalb der ersten von einer Klasse in dieser Weise bearbeiteten Unterrichtseinheit.

## *Probleme der Themenplanarbeit und Lösungsansätze*

Bei allen Argumenten für eine Themenplanarbeit sollen aber einige Probleme nicht unerwähnt bleiben.

Die Ergebnissicherung für die Schülerinnen und Schüler auf der einen Seite und die Kontrolle durch die Lehrperson auf der anderen Seite gestalten sich schwierig.

- Bei einer Themenplanarbeit behandeln die Schülerinnen und Schüler eine Fülle von Material, über deren erfolgreiche Bearbeitung (richtig/falsch; angemessen/nicht angemessen) sie eine Rückmeldung erwarten und erwarten dürfen. Die Materialfülle kann solche Ausmaße annehmen, dass eine vollständige Durchsicht durch den Lehrer nicht praktikabel ist. Vier Wege mit diesem Problem umzugehen, wenden wir an:
  1. Wo möglich, stehen den Schülerinnen und Schülern Kontrollblätter zur Selbstkontrolle zur Verfügung.
  2. Während der Themenplanarbeit können Schüler und Schülerinnen Arbeiten sowohl untereinander als auch mit der Lehrerin oder dem Lehrer besprechen.
  3. In regelmäßigen Abständen finden gemeinsame Besprechungen einzelner Aufgaben statt.
  4. Zum Schluss erfolgt eine stichprobenartige Durchsicht der Ordner.
- In Klassen, die Themenplanarbeit gewohnt sind, kommt es auch vor, dass sehr viele Schülerinnen und Schüler ihre Ergebnisse (z. B. ein kleines Theaterstück) der ganzen Klasse präsentieren wollen. Für die daran nicht beteiligten Schülerinnen und Schüler können diese Vorträge, vor allem wenn es sich um die vierte szenische Darstellung des selben Sachverhalts handelt, langweilig werden. Deshalb sollte die Lehrperson im Vorfeld abklären, welche Ergebnisse vor der ganzen Klasse vorgetragen werden.

Für die Themenplanarbeit werden andere und weit mehr Materialien benötigt, als im herkömmlichen lehrerzentrierten+ Unterricht.

- Damit Schülerinnen und Schüler selbsttätig einen Sachverhalt erarbeiten können, muss das Material (Arbeitsblätter, Bücher, Filme, Bilder, Modelle ...) so beschaffen sein, dass es der Komplexität des Sachverhalts Rechnung trägt und zugleich aber lernrelevante Reduktionen vornimmt. Solches Material ist fächerabhängig unterschiedlich schwierig zu bekommen. Deshalb muss ein großer Teil des Materials (vor allem Arbeitsblätter) selbst hergestellt werden. Herstellen bedeutet dabei in der Regel, greifbares Material so umzuarbeiten, dass es jeweils einen sinnvollen Baustein im gesamten Themenplan ergibt, der an die Vorkenntnisse der Schülerinnen und Schüler anknüpft, aber sie auch darüber hinaus weiterführt.

  Diese Arbeit verschlingt in der Vorbereitung von Themenplänen sehr viel Zeit. Aber Themenpläne müssen nicht für jede Klasse völlig neu erarbeitet werden, und Teile daraus lassen sich auch im herkömmlichen lehrerzentrierten Unterricht verwenden. Darüber hinaus sollte nicht vergessen werden, dass während der Themenplanarbeit die Unterrichtsvorbereitung weitgehend entfällt.
- Tätigkeitsorientiertes Lernen bedarf mehr als nur schriftlichen Lernmaterials. Ein solches Material anzulegen, bedarf neben des großen Zeitaufwandes vor allem einer umfassenden Fachkompetenz und Fantasie.
- Bei der Themenplanarbeit, für die ein großer Teil der Materialien aus unterschiedlichen Büchern, Heften und Zeitschriften einbezogen werden kann, ergibt sich eine umfangreiche Zahl von Kopien. Um diese in Grenzen zu halten, bietet es sich an, Zusatzmaterialien jeweils als Ansichtsexemplare in der Klasse zu haben und sie dann im Bedarfsfall zu ko-

pieren. Jeder Schüler und jede Schülerin hat die Möglichkeit, sich alle Materialien anzuschauen und dann mit dem Lehrer zu entscheiden, ob eine Kopie gemacht wird.

Je nach Leistungsstärke profitieren die Schülerinnen und Schüler unterschiedlich von der Themenplanarbeit.

- Leistungsstarke Schülerinnen und Schüler profitieren von dieser Arbeitsform, weil ihnen ausreichend Anregungen und Materialien zur Verfügung stehen, die sie auch nach ihren Interessen bearbeiten können. Diese Schülergruppe muss nicht mehr auf einen nächsten Arbeitsschritt warten, bis auch die letzte Person in der Klasse fertig ist. Da aber nur selten auf das Erreichen eines auch durch Rahmenrichtlinien und Schulpläne festgelegten Lernziels verzichtet werden kann, verbleiben die schwächeren Schülerinnen und Schüler in dem als Kern gekennzeichneten Pflichtbereich. Und dieser lässt in der Regel den geringsten Freiraum zu.

Themenplanarbeit führt nicht für alle Schülerinnen und Schüler dazu, dass diese auch interessiert und ausdauernd arbeiten.

- Einzelne Schülerinnen und Schüler nutzen den zeitlichen und inhaltlichen Freiraum, um nur sehr langsam zu arbeiten, auch wenn sie selber es anders könnten. Durch ihr Lernverhalten erreichen diese Schülerinnen und Schüler, dass ihnen ein hoher Grad an Aufmerksamkeit und Zeit gewidmet werden muss. Diese Zeit steht anderen Schülern und Schülerinnen nicht mehr zur Verfügung. Das Problem, dass sich Einzelne dem Unterricht entziehen, ist aber kein themenplanspezifisches, sondern tritt ebenso in dem lehrerzentrierten Unterricht auf.

Themenplanarbeit bedarf einer besonderen Arbeitsatmosphäre.

- Zum einen kann es während der Themenplanarbeit nicht immer ganz ruhig sein, da Schülerinnen und Schüler in einer Klasse zugleich Absprachen treffen, sich Material beschaffen, lesen, schreiben, auswendig lernen, miteinander diskutieren, etwas bauen oder untersuchen usw. So kommt es zwangsläufig auch zu Konflikten untereinander, die nicht immer ohne Intervention von außen gelöst werden. Ein zusätzlicher Gruppenraum steht leider nur selten zur Verfügung.

Schülerinnen und Schüler müssen wissen, dass sie sich an Spielregeln halten müssen.

- Wer miteinander spricht, tut dies flüsternd.
- Wer entfernt sitzende Mitschülerinnen und Mitschüler ansprechen möchte, geht zu ihnen; es darf nicht in den Raum gerufen werden.
- Wer die Hilfe der Lehrerin oder des Lehrers benötigt, geht zu ihm hin.
- Das Zusammensetzen der Partner bzw. Gruppen wird direkt am Anfang der Unterrichtsstunde vorgenommen. Ausnahmen müssen mit dem Lehrer abgesprochen werden.
- Die Ordner mit den Themenplänen und die weiteren Materialien werden möglichst vor der Stunde bereitgelegt.
- Während der Arbeit zusätzlich benötigte Materialien werden geholt, ohne Mitschülerinnen und Mitschüler bei der Arbeit zu stören.
- Raumwechsel werden mit dem Lehrer oder der Lehrerin abgesprochen.
- Lösungsblätter werden erst eingesehen, wenn die jeweiligen Arbeitsblätter vollständig bearbeitet worden sind.
- Jedes begonnene Arbeitsblatt muss vollständig bearbeitet werden.
- Wenn die Reihenfolge von Arbeitsblättern vorgegeben ist, dann ist diese einzuhalten.

## 2. Planungs- und Arbeitsschritte für die Erstellung eines Themenplans

Festlegung des Themas der Unterrichtseinheit (UE)

↓

Klärung der Lernziele:

übergeordnete Lernziele
Lernziele der Unterrichtseinheit

↓

Strukturierung der Unterrichtsinhalte

↓

Sichtung der vorhandenen „Materialien“ für die UE

- Schulbücher
- Sachbücher
- Fachzeitschriften
- Lexika
- Zeitungen, Zeitschriften
- Arbeitsblätter
- Kopiervorlagen aus Lehrerhandbüchern
- Kopiervorlagen aus Fachzeitschriften
- Grafiken (Computer, Duden ...)
- Bastelanleitungen, Bildwörterbuch ...)
- Lernkarteien

↓

Überarbeiten (Veränderung) der verfügbaren Materialien

- am Computer (Scanner) oder
- als „Klebelayout“

↓

Erstellen neuer Arbeitsblätter

↓

Ordnen der Arbeitsblätter, ggf. Gliederung in Teilabschnitte

↓

Festlegung der Pflichtaufgaben

↓

Festlegung der „Zwischenstopps“

↓

Erststellung des Deckblattes (Themenplans)

↓

Erstellen der Druckvorlagen

↓

Drucken der Arbeitsblätter

↓

Zusammenheften des „Materialpakets“ für jede Schülerin und jeden Schüler auf Heftstreifen

# 3. Themenplanarbeit – Strukturplan

## *Grobstruktur einer Unterrichtseinheit mit integrierter Themenplanarbeit*

Eine Unterrichtseinheit, in der Themenplanarbeit stattfindet, gliedert sich in sechs Hauptphasen. Diese beanspruchen unterschiedlich viel Zeit, die durch die Größe der Kästen symbolisiert wird.

| | |
|---|---|
| Phase 1: | Vorlauf – „warming up" |
| Phase 2: | Einstieg in das Thema der Unterrichtseinheit |
| Phase 3: | Organisatorische Regelungen zur Themenplanarbeit |
| Phase 4: | Themenplanarbeit |
| Phase 5: | Auswertung |
| Phase 6: | Leistungsbewertung |

**Phase 1: Vorlauf – „warming up"**

Vorstellen des Themas der Unterrichtseinheit

↓

Vorstellen der Methode, Hinweise auf Arbeitsvoraussetzungen

↓

Entscheidung zur Arbeitsmethode (Soll themenplanorientiert gearbeitet werden?)

↓

Abklärung des von den Schülern mitzubringenden Arbeitsmaterials (Mappe, Klebstoff, Schere, Pappe ...)

↓

Aufforderung zur Material- und Ideensammlung zum Thema

↓

Besprechung und Verteilung notwendiger Vorarbeiten

↓

Organisation der Bestellung benötigter Materialien

**Die erste Phase** wird etwa ein bis drei Wochen vor der weiteren Arbeit gestartet.
Ein bis zwei Unterrichtsstunden reichen meist aus, um mit den Schülerinnen und Schülern über das Thema, über Unterrichtsmethoden allgemein und über Sinn und Zweck dieser Arbeit zu sprechen. An dieser Stelle bietet sich ein Kreisgespräch (Stuhlkreis) an. Den Schülerinnen und Schülern sollte das „Materialpaket" schon einmal gezeigt werden, und sie sollten ein bisschen neugierig gemacht werden („warming up"). Wichtig ist, dass die Schülerinnen und Schüler bereits jetzt erfahren, dass das Arbeiten in dieser Art nur dann sinnvoll ist, wenn „Spielregeln" (siehe S. 7 f.) eingehalten werden, dass wer sich für diese Arbeit entscheidet, verpflichtet ist, sich an die Regeln zu halten.
Die Schülerinnen und Schüler entscheiden, ob sie wie besprochen arbeiten möchten. Wenn dies von ihnen abgelehnt wird, dürfen sie auf keinen Fall dazu gezwungen werden. Ihnen eine ablehnende Haltung übel zu nehmen wäre unangemessen – es gibt schließlich auch lohnenswerte Alternativen: beispielsweise die Gruppenarbeit.
Wenn eine Entscheidung für die Themenarbeit gefallen ist, müssen möglicherweise noch einige Dinge „organisiert" werden. Die Schülerinnen und Schüler müssen wissen, mit welchen Utensilien sie sich auszurüsten haben: Ordner, Schere, Klebstoff, Pappe ...
Auf jeden Fall sollten sie angehalten werden, möglichst viele Materialien und Ideen für die Arbeit zu sammeln.

## Phase 2: Einstieg in das Thema

Sammeln erster Informationen
↓
„brainstorming"
↓
„Anvisieren" des Themas: Bilder, Dias, Filme, Video ...
↓
Klärung wichtiger Grundbegriffe
↓
Systematische, geographische, fachliche ... Einordnung

Da die Schülerinnen und Schüler das Thema bereits kennen, ist kein „Motivationskopfstand" vonnöten. Es kann sofort zur Sache gehen.
Ganz wichtig in dieser Phase ist aber die Klärung von Grundbegriffen, soweit die Schülerinnen und Schüler sich diese nicht mit dem Themenplan erarbeiten können.
Wenn zum Beispiel die kalten Zonen der Erde im Mittelpunkt der Betrachtungen stehen, muss klar sein, wo selbige sich auf der Erde befinden und warum es dort kalt ist. Die Schülerinnen und Schüler müssen etwa die Begriffe Arktis und Antarktis den Polen zuordnen können.
An dieser Stelle erscheint straff gelenkter Unterricht durchaus legitim.

## Phase 3: Organisatorische Regelungen zur Themenplanarbeit

Verteilen der „Materialpakete", Umheften der Materialien in den Ordner zum Verbleib in der Klasse
↓
„Spielregeln" vereinbaren
↓
Struktur des Themenplans, Führen des Arbeitsberichtes besprechen
↓
Hinweise auf neue „Bausteine" im Themenplan
↓
Verwendete Symbolik erläutern
↓
Offene Fragen klären

Die Sache wird einen Augenblick lang nicht betrachtet, sondern lediglich die Organisation der Arbeit. Organisatorisches muss immer zügig erledigt werden! Dabei sollte aber soviel Zeit genommen werden, dass im weiteren Verlauf der Arbeit möglichst wenig diesbezügliche Unklarheiten zu beheben sind.
Wie schon oben angesprochen, ist es außerordentlich wichtig, dass die Schülerinnen und Schüler **„Spielregeln" vereinbaren** und sich an diese halten.
Vielleicht reicht aber auch der Satz: „Diese Arbeit ist Flüsterarbeit." Als Kurzbeschreibung der Spielregeln ist er einprägsam und kann auch einmal ermahnend kurz in Erinnerung gerufen werden.
Nach dem Verteilen der „Materialpakete" und dem Umheften der Materialien in Ordner zum Verbleib in der Klasse sollte man die Struktur des Themenplans, das Führen des Arbeitsberichtes besprechen und die verwendete Symbolik erläutern.

## Phase 4: Themenplanarbeit

*Schülerinnen und Schüler ...*

| | | |
|---|---|---|
| **bearbeiten** die im Themenplan vorgesehenen **Pflichtaufgaben** | **arbeiten an** den **angebotenen Aufgaben** | **arbeiten an** selbst gestellten **Aufgaben** |

indem sie ...

**... lesen**
Schulbücher, Fachbücher, Zeitschriften, Zeitungsartikel ...

**... schreiben**
Zusammenfassende Texte, Antworten zu Fragen formulieren, Lückentexte ergänzen, Tabellen ausfüllen, Grafiken interpretieren, Rätsel lösen, Briefe schreiben, Leserbriefe entwerfen ...

**... (an)sehen**
Filme, Videos, Bilder, Dias, Plakate, Ausstellungen ...

**... hören**
Rundfunk, Kassetten, Tonbänder, Schallplatten, CDs ...

**... erfragen**
Interviews planen und durchführen, Experten befragen, in Ämtern und Behörden um Auskunft bitten, Verwandte und Bekannte um Stellungnahmen bitten ...

**... visualisieren**
Karten zeichnen, Bilder malen, Grafiken erstellen, Wandzeitungen gestalten, fotografieren, Videos aufnehmen ...

**... bauen**
Modelle von Landschaften, Höhenschichten, Gebäuden, Skeletten, Maschinen; Realobjekte ...

**... experimentieren**
physikalische, chemische Versuche (sofern sie unter Einhaltung der Sicherheitsbestimmungen von Schülern in Einzel-, Partner- oder Gruppenarbeit durchgeführt werden dürfen), statische Experimente, Klangexperimente ...

**... untersuchen**
demontieren, messen, mikroskopieren ...

**... spielen**
Lernspiele, Szenen, Sketche, Rollenspiele ...

**... komponieren**

**... erfinden**
Rätselaufgaben für Mitschüler, Spiele ...

**... vervielfältigen** (drucken)
Texte, Grafiken, Rätsel, als Umdrucke, als Fotokopien, mit dem Computer ...

**... üben (!)**

*Lehrerinnen und Lehrer ...*

| | |
|---|---|
| **geben** Hilfen, Tips, Hinweise und **Anregungen**, wenn dies von den Schülern erwünscht ist und nachgefragt wird. | **halten sich** – soweit irgend möglich – aus dem Lern-, Denk- und Arbeitsprozess der Schülerinnen und Schüler **heraus.** |

Lehrer und Schüler ...
- legen „Zwischenstopps“ ein,
- vereinbaren „Treffpunkte“,

weil ...

Sachklärungen
- von den Schülerinnen und Schülern angefragt werden,
- nach Ansicht der Lehrperson, die die Schülerinnen und Schüler bei der Arbeit beobachtet, dringend erforderlich sind

Zwischenberichte/Zwischenbesprechungen
- aus der Situation oder schon vorausgeplant notwendig/sinnvoll erscheinen,
- Schülerinnen und Schüler das zum Thema Entdeckte gern vorstellen möchten
- ein interessantes Modell gerade fertig wurde ...

technische oder organisatorische Notwendigkeiten dies erzwingen
- Filmgerät nur im Klassenraum einsetzbar ...
- Besuch eines Museums

allgemeine Informationen gegeben werden
- z. B. eine Geschichte soll vorgelesen oder ein Rätsel gestellt werden ...

## Phase 5: Auswertung

Kenntnisse abfragen
↓
Arbeitsergebnisse vortragen
↓
Wandzeitungen würdigen und besprechen
↓
Modelle betrachten, würdigen
↓
Arbeitsmappen austauschen
↓
Rollenspiele/Sketche vorführen
↓
Diskussion kontroverser Ansichten
↓
Diskussion weiterführender Fragestellungen
↓
Arbeitsmethode thematisieren, Weiterarbeit diskutieren

Alle „konventionellen" Unterrichtsverfahren, wie das Kreisgespräch, der fragend-entwickelte Unterricht u. a. kommen hier wieder zum Tragen. Keinesfalls darf auf eine Auswertungsphase verzichtet werden, auf jeden Fall müssen Ergebnisse beachtet und gewürdigt werden.

Hier ist auch der Zeitpunkt, die Unterrichtsmethode(n) mit den Schülerinnen und Schülern zu reflektieren, Erfahrungen auszutauschen und Vorentscheidungen hinsichtlich weiterer Unterrichtsvorhaben zu treffen.

## Phase 6: Leistungsbewertung

Festlegung mündlicher und fachspezifischer Zensuren
↓
ggf. Test

Je nach inhaltlichem Gegenstand und den im Vordergrund stehenden Arbeitsweisen des Themenplans kann eine Leistungskontrolle und eine dementsprechende Benotung vorgenommen werden.
Stehen am Ende des Themenplans ein Vortrag oder eine andere Form der Präsentation von Arbeitsergebnissen, dann können auch diese benotet werden wie ggf. auch ein Aufsatz, auf den ein Themenplan vorbereitet hat.

# 4. Balladen im Deutschunterricht

Ein Blick in die Literatur zum Thema „Die Ballade im Deutschunterricht" offenbart ganz gegensätzliche Positionen.
„Die Ballade ist tot! Seit den späten sechziger Jahren ertönte dieser Ruf mehrfach."[1]
„Vor allem wird der Ballade vorgeworfen, sie sei vom Wesen her zu einseitig dem Irrationalen verhaftet und leiste durch ihre Bevorzugung des kriegerisch Heroischen dem militanten Nationalismus Vorschub."[2]
„Die Ballade war lange Zeit eines der beliebtesten Themen des Deutschunterrichts. Nachdem sie Mitte der 60er bis Mitte der 70er Jahre als unzeitgemäß abgelehnt wurde, gewinnt sie heute wieder zunehmend an Bedeutung."[3]
„Die Ballade ist tot? Es lebe die Ballade!"[4]
Uns weder auf die Seite der Kritiker schlagend, noch enthusiastisch eine Balladen-Renaissance fordernd, stellten wir uns der Entscheidung der Fachkonferenz Deutsch unserer Schule, Balladen im Unterricht zu behandeln.
Dem Vorwurf, mit der Behandlung von Balladen einem militanten Nationalismus Vorschub zu leisten, lässt sich unserer Auffassung nach durch die Auswahl der jeweiligen Balladen entgegentreten. Ebenso ließe sich der Vorwurf des einseitigen Irrationalismus entkräften, stimmte man diesem zu. Folglich stellte sich für uns primär die Frage, welche Balladen für die Bearbeitung durch Schülerinnen und Schüler in einer 6. oder 7. Klasse gewinnbringend wären. Dies soll heißen:

1. Mit welchen Balladen lassen sich Inhalte thematisieren, die für Schülerinnen und Schüler dieser Altersgruppe von Bedeutung sein können?
2. Sind die Balladen geeignet, Schülerinnen und Schüler zu einer Schreibpraxis anzuregen, die über die ihnen bekannten Formen hinaus geht?

Die formale Beschreibung von Balladen erhält in dieser Einheit keinen Eigenwert, sondern ist nur insoweit von Bedeutung, wie wir davon Anregungen und Erweiterungen auf die Schreibpraxis der Schülerinnen und Schüler erwarten können. Unter diesen Voraussetzungen schließt sich bei der Auswahl der Balladen ein chronologisches Vorgehen ebenso aus, wie eines, das den Formenbestand von Balladen systematisch repräsentiert.
Neben den üblichen Kriterien wie Altersangemessenheit und Verständlichkeit, suchten wir deshalb nach einer inhaltlichen Klammer und stellten die Balladenauswahl unter das Leitthema „Mut in verschiedenen Facetten":

- die sinnlose Mutprobe (Der Handschuh),
- Aufbringen von Mut nach Abschätzung der Handlungsmöglichkeiten (Der rechte Barbier),
- Mut zum Einsatz für die Rettung von Menschenleben (John Maynard, Nis Randers),
- Mut zur Solidarität (Kohlen für Mike)
- Übermut und Selbstüberschätzung (Der Zauberlehrling).

In der konkreten Umsetzung der Einheit kann dieser „rote Faden" ausführlich in der Auswertungsphase (Gesprächsphase) mit den Schülerinnen und Schülern herausgearbeitet und besprochen werden. Dem Kurzschluss „Balladen = Texte zum Thema Mut" soll durch die Vorstellung und inhaltliche Besprechung weiterer Balladen (z.B. Lehrervortrag, Tonbandaufnahmen) mit anderen Themen begegnet werden. Die Frage nach den typischen Kennzeichen von Balladen wird während der Unterrichtseinheit nur angerissen und erst zum Abschluss zusammenfassend wieder aufgegriffen.
In Bezug auf die methodische Vorgehensweise entschieden wir uns, den Schwerpunkt auf das selbstständige Erarbeiten der Balladen im Rahmen eines Themenplans zu legen, ohne ein auf alle Texte anwendbares Schema vorzugeben. Statt dessen wurden den Balladen unterschiedliche Aufgaben

- zur inhaltlichen Auseinandersetzung und
- zur Sprachgestaltung

als Zugangshilfen zugeordnet.

Den Schülerinnen und Schülern bleibt die Auswahl der Arbeitsblätter freigestellt. Die vollständige Bearbeitung eines gewählten Aufgabenblockes ist jedoch verpflichtend; die sporadische Bearbeitung einzelner Arbeitsaufgaben ist nicht möglich. Den Schülerinnen und Schülern bleibt es überlassen, ob sie an allen Balladen des Themenplans arbeiten oder sich schwerpunktmäßig, je nach Interesse und Zeit, für zwei oder drei entscheiden, so dass die Anzahl der Balladen für den einzelnen Schüler und die einzelne Schülerin nicht zu umfangreich wird.
Sofern sich Schülerinnen und Schüler Arbeitsaufgaben mit sehr hohem Zeitaufwand zuwenden (Schattenspiel, Collage, Bildergeschichte), müssen diese z. T. in häuslicher Arbeit erledigt werden. Zudem sollte eine Kooperation mit den Fächern Kunst/Werken angestrebt werden.

---

1 Gunter E. Grimm (Hrsg.), Gedichte und Interpretationen, Deutsche Balladen, Stuttgart, 1988, S. 9

2 Klaus C. Haase, Die Ballade im Deutschunterricht in: Erich Wolfrum (Hrsg.) Taschenbuch des Deutschunterrichts, Esslingen, 1972, S. 352

3 Norbert Berger, Stundenblätter Balladen, Stuttgart, 1991, S. 9

4 Gunter E. Grimm, Gedichte und Interpretationen, Deutsche Balladen, Stuttgart, 1988, S. 9

## 5. Themenplan „Ballade" – Texte, Arbeitsblätter, Informations- und Kontrollblätter

| Themenplan vom bis |
|---|

Name: ______________________________

Klasse: ___________

Hinweise zur Bearbeitung:

- Die Aufgabe Nr. 1 ist für alle Pflicht.
- Mit welcher Ballade du dich weiter beschäftigst, ist dir freigestellt.
- Du musst nicht jedes Arbeitsblatt zu einer Ballade bearbeiten.
- Beginnst du ein Arbeitsblatt, musst du es beenden.
- Wenn mehrere Arbeitsblätter zusammen gehören, ist dies gekennzeichnet.
- Die Arbeitsform ist dir freigestellt.

| Nr. | Aufgaben | Material | Kontrolle |
|---|---|---|---|
| | **Lesen** | | |
| 1. | Vier Balladen dieses Arbeitsplanes sollst du lesen üben, so dass du sie später im Vorlesekreis vortragen kannst. Nutze das Info-Blatt 1. | **AB 1,8,13,25 Info 1** | |
| 2. | Im Vorlesekreis liest du eine Ballade vor. | | |
| | **Balladen** | | |
| | **Der Handschuh** (Friedrich Schiller) | | |
| 3. | Lies den Balladentext. | **AB 1** | |
| 4. | Das Rittertum: Suche aus unterschiedlichen Quellen Informationen zum Rittertum. | **AB 2** | |
| 5. | Erfasse den Inhalt der Ballade. | **AB 3** | |
| 6. | Wie wird Spannung in der Ballade erzeugt? | **AB 4** | **KB 4** |
| 7. | Die beiden Hauptpersonen der Ballade? | **AB 5 und 6** | **KB 5** |
| 8. | Was schreiben Kriemhilde und Mauritius in ihren Briefen über die Sache mit dem Handschuh? | **AB 7** | |
| | **Der rechte Barbier** (Adelbert von Chamisso) | | |
| 9. | Lies die Ballade und dazu im Vergleich die Geschichte über den Barbierjungen. | **AB 8 AB 9** | |
| 10. | Welche Absätze entsprechen einer Strophe? | **AB 10** | |
| 11. | Ballade-Erzählung – Erzählung-Ballade | **AB 11** | |
| 12. | Merkwürde Sprache! Wie würdest du es ausdrücken? | **AB 12** | **KB 12** |

| Nr. | Aufgaben | Material | Kontrolle |
|---|---|---|---|
| | **Lesen** | | |
| | **John Maynard** (Theodor Fontane) | | |
| 13. | Lies die Ballade. | **AB 13** | |
| 14. | Beantworte die Fragen zum Inhalt der Ballade. | **AB 14** | **KB 14** |
| 15. | Bericht eines Passagiers. | **AB 15** | |
| 16. | Auch Schrift kann man gestalten. | **AB 16** | |
| | **Nis Randers** (Otto Ernst) | | |
| 17. | Eine Bildergeschichte. | **AB 17** | |
| 18. | Lies den Text. | **AB 18** | |
| 19. | Was geschah? | **AB 19** | **KB 19** |
| 20. | Offenes Ende – Die Ballade selber weiter schreiben. | **AB 20** | |
| 21. | Worte sind auch Bilder – Gestalte die Szene bildnerisch. | **AB 20 / Pappe** | |
| | **Kohlen für Mike** (Bertolt Brecht) | | |
| 22. | Lies die unvollständige Ballade. | **AB 21** | |
| 23. | Die erste Strophe musst du selber montieren. | **AB 22** | |
| 24. | Vergleiche die Ballade mit einem Romanausschnitt. | **AB 23** | |
| 25. | Vergewissere dich des Inhalts der Ballade und erfasse Sachinformationen zum Inhalt. | **AB 24** | **KB 24** |
| | **Der Zauberlehrling** (Johann Wolfgang von Goethe) | | |
| 26. | Lies die Ballade. | **AB 25** | |
| 27. | Wie genau kennst du den Text? | **AB 26. 1–2** | **Vergleiche AB 25** |
| 28. | Die „Geister-Collage“. | **AB 26.2** | |
| 29. | Erarbeite ein Schattenspiel. | **AB 27. 1–5** | |
| | **Infoblätter** | | |
| 30. | Lesen | **Info 1** | |
| 31. | Vers, Strophen | **Info 2** | **KB Info 2** |
| 32. | Reim | **Info 3** | **KB Info 3** |

## Arbeitsbericht

Name: ________________________ Klasse: ______________

| Datum | Arbeitsschritte, Arbeitsblätter |
| --- | --- |
| | |
| | |
| | |
| | |
| | |
| | |
| | |
| | |
| | |
| | |
| | |
| | |
| | |
| | |
| | |
| | |
| | |
| | |
| | |
| | |
| | |
| | |
| | |
| | |

AB
1

# Der Handschuh

(Friedrich Schiller)

Vor seinem Löwengarten,
Das Kampfspiel zu erwarten,
Saß König Franz,
Und um ihn die Großen der Krone,
Und rings auf hohem Balkone
Die Damen in schönem Kranz.

Und wie er winkt mit dem Finger,
Auf tut sich der weite Zwinger,
Und hinein mit bedächtigem Schritt
Ein Löwe tritt,
Und sieht sich stumm
Rings um,
Mit langem Gähnen,
Und schüttelt die Mähnen,
Und streckt die Glieder,
Und legt sich nieder.

Und der König winkt wieder,
Da öffnet sich behend
Ein zweites Tor,
Daraus rennt
Mit wildem Sprunge
Ein Tiger hervor.
Wie der den Löwen erschaut,
Brüllt er laut,
Schlägt mit dem Schweif
Einen furchtbaren Reif,
Und recket die Zunge,
Und im Kreise scheu
Umgeht er den Leu
Grimmig schnurrend;
Drauf streckt er sich murrend
Zur Seite nieder.

Und der König winkt wieder,
Da speit das doppelt geöffnete Haus
Zwei Leoparden auf einmal aus,
Die stürzen mit mutiger Kampfbegier
Auf das Tigertier,
Das packt sie mit seinen grimmigen Tatzen,
Und der Leu mit Gebrüll
Richtet sich auf, da wird's still,
Und herum im Kreis,
Von Mordsucht heiß,
Lagern die greulichen Katzen.

Da fällt von des Altans Rand
Ein Handschuh von schöner Hand
Zwischen den Tiger und den Leun
Mitten hinein.

Und zu Ritter Delorges spottenderweis
Wendet sich Fräulein Kunigund:
„Herr Ritter, ist Eure Lieb so heiß,
Wie Ihr mir's schwört zu jeder Stund,
Ei, so hebt mir den Handschuh auf."

Und der Ritter in schnellem Lauf
Steigt hinab in den furchtbarn Zwinger
Mit festem Schritte,
Und aus der Ungeheuer Mitte
Nimmt er den Handschuh mit keckem Finger.

Und mit Erstaunen und mit Grauen
Sehen's die Ritter und Edelfrauen,
Und gelassen bringt er den Handschuh zurück.
Da schallt ihm sein Lob aus jedem Munde,
Aber mit zärtlichem Liebesblick –
Er verheißt ihm sein nahes Glück –
Empfängt ihn Fräulein Kunigunde.
Und er wirft ihr den Handschuh ins Gesicht:
„Den Dank, Dame, begehr ich nicht",
Und verläßt sie zur selben Stunde.

AB 2

# Ritter im Mittelalter

Sicher hast du schon einiges über das Mittelalter und die Ritter gehört und gelesen, z. B. von den Ritterburgen,

von den Turnieren, bei denen Ritter auf Pferden mit langen Lanzen bewaffnet gegeneinander kämpften,

von der Ritterrüstung

oder dem Ritterschlag.

Es war für Ritter sehr wichtig, sich „sehr gut" zu benehmen – besonders gegenüber den Frauen. Liebte ein Ritter eine Dame und wurde diese Liebe erwidert, dann schenkte die Dame „ihrem" Ritter manchmal einen Handschuh. Den Handschuh der geliebten Dame trug der Ritter dann an seinem Helm.

*Vielleicht kannst du noch einige weitere Informationen über die Ritter finden, insbesondere über ihre Erziehung und ihre Aufgaben, einen kleinen Text dazu schreiben oder in der Gesprächsrunde darüber berichten.*

AB
3

# Der Inhalt der Ballade in fünf Teilen

Man kann die Ballade in fünf Teile gliedern.

| | | *Gib hier den Inhalt kurz mit deinen eigenen Worten wieder!* |
|---|---|---|
| 1. Teil | Strophe 1 | |
| 2. Teil | Strophen 2, 3, 4 | |
| 3. Teil | Strophe 5 | |
| 4. Teil | Strophen 6, 7 | |
| 5. Teil | Strophe 8 | |

Info
2 und 3

# Die „sprachliche Klammer"

Die Strophen 2 bis 4 und die Strophen 6 und 7 bilden jeweils eine inhaltliche Einheit und wurden hier daher zu je einem Teil zusammengefasst. Sie sind aber auch sprachlich miteinander „verklammert".
*Findest du diese sprachliche „Klammer"?*

AB 4

# Die Strophen 2, 3 und 4

Friedrich Schiller steigert bei jedem Auftritt eines Raubtieres die Spannung.
*Schreibe zu jedem Bild*
*a) den Namen (die Namen) des Tieres,*
*b) die Strophe, in der es „auftritt“,*
*c) mit welchen Formulierungen Schiller den Eintritt in den Zwinger und*
*d) das Verhalten des Tieres beschreibt.*

Info 2 und 3

AB 5

# Ritter Delorges und Fräulein Kunigunde

Info 2 und 3

*Notiere mit deinen eigenen Worten, wie die beiden Personen handeln:*

Strophe 6

Strophe 7

Strophe 8, Vers 60

Strophe 8, Vers 62 bis 64

Strophe 8, Vers 65 bis 67

**AB 6**

*Versuche, Gründe für das Handeln der beiden Personen zu finden.*

*Welche charakterlichen Eigenschaften ordnest du den beiden zu?*

*Wie beurteilst du die beiden Personen und ihr Handeln?*

AB
7

# Briefe werden geschrieben

Kriemhilde, ein Mädchen in deinem Alter, und Mauritius, ein Junge in deinem Alter, haben das miterlebt, was in der Ballade erzählt wird.
Sie/Er setzt sich am Abend an ihr/sein Schreibbrett, greift zu Tinte und Feder, um einer gleichaltrigen Freundin/einem gleichaltrigen Freund einen Brief zu schreiben.

***Liebe ....................,***

***wie du weißt, ist es hier auf der Burg meistens furchtbar langweilig. Heute kann ich dir aber von einem aufregenden Tag erzählen.***

Ritter Delorges entschließt sich, die Burg so schnell wie möglich zu verlassen und zunächst einen ihm nicht ganz unbekannten Grafen auf dessen Burg zu besuchen. Er möchte allerdings nicht ohne Anmeldung dort erscheinen und schreibt deshalb einen Brief, um sein Kommen anzukündigen und zu begründen.

***Edler Herr,***

***ich bitte Euch, mir einen Besuch auf Eurer Burg zu gestatten. Ich muss meinen jetzigen Aufenthaltsort unbedingt verlassen, weil sich heute etwas zugetragen hat, das mein weiteres Verbleiben hier unmöglich macht. Ich will Euch berichten:***

*Schreibe einen der Briefe!*

AB 8

# Der rechte Barbier

(Adelbert von Chamisso)

Und soll ich nach Philisterart
Mir Kinn und Wange putzen,
So will ich meinen langen Bart
Den letzten Tag noch nutzen.
Ja, ärgerlich, wie ich nun bin,
Vor meinem Groll, vor meinem Kinn
Soll mancher noch erzittern!

„Holla! Herr Wirt, mein Pferd! macht fort!
Ihm wird der Hafer frommen.
Habt Ihr Barbierer hier im Ort?
Laßt gleich den rechten kommen.
Waldaus, waldein, verfluchtes Land!
Ich ritt die Kreuz und Quer und fand
Doch nirgends noch den rechten.

Tritt her, Bartputzer, aufgeschaut!
Du sollst den Bart mir kratzen;
Doch kitzlig sehr ist meine Haut,
Ich biete hundert Batzen;
Nur, machst du nicht die Sache gut,
Und fließt ein einzges Tröpflein Blut, –
Fährt dir mein Dolch ins Herze."

Das spitze, kalte Eisen sah
Man auf dem Tische blitzen,
Und dem verwünschten Ding gar nah
Auf seinem Schemel sitzen
Den grimmgen, schwarzbehaarten Mann
Im schwarzen, kurzen Wams, woran
Noch schwärzre Troddeln hingen.

Dem Meister wird's zu grausig fast;
Er will die Messer wetzen;
Er sieht den Dolch; er sieht den Gast;
Es packt ihn das Entsetzen;
Er zittert wie das Espenlaub,
Er macht sich plötzlich aus dem Staub
Und sendet den Gesellen.

„Einhundert Batzen mein Gebot,
Falls du die Kunst besitzest;
Doch, merk es dir, dich stech ich tot,
So du die Haut mir ritzest."
Und der Gesell: „Den Teufel auch!
Das ist des Landes nicht der Brauch."
Er läuft und schickt den Jungen.

„Bist du der Rechte, kleiner Molch?
Frisch auf! fang an zu schaben;
Hier ist das Geld, hier ist der Dolch,
Das beides ist zu haben!
Und schneidest, ritzest du mich bloß,
So geb ich dir den Gnadenstoß;
Du wärest nicht der erste."

Der Junge denkt der Batzen, druckst
Nicht lang und ruft verwegen:
„Nur still gesessen! nicht gemuckst!
Gott geb Euch seinen Segen!"
Er seift ihn ein ganz unverdutzt,
Er wetzt, er stutzt, er kratzt, er putzt:
„Gottlob! nun seid Ihr fertig."

„Nimm, kleiner Knirps, dein Geld nur hin;
Du bist ein wahrer Teufel!
Kein andrer mochte den Gewinn,
Du hegtest keinen Zweifel;
Es kam das Zittern dich nicht an,
Und wenn ein Tröpflein Blutes rann,
So stach ich dich doch nieder."

„Ei! guter Herr, so stand es nicht,
Ich hielt Euch an der Kehle;
Verzucktet ihr nur das Gesicht
Und ging der Schnitt mir fehle,
So ließ ich Euch dazu nicht Zeit;
Entschlossen war ich und bereit,
Die Kehl Euch abzuschneiden."

„So, so! ein ganz verwünschter Spaß!"
Dem Herrn ward's unbehaglich;
Er wurd auf einmal leichenblaß
Und zitterte nachträglich:
„So, so! das hatt ich nicht bedacht,
Doch hat es Gott noch gut gemacht;
Ich will's mir aber merken."

**AB 9**

# Der Barbierjunge von Segringen

(Johann Peter Hebel)

Im vorigen Spätjahr kam in dem Wirtshause zu Segringen ein Fremder von der Armee an, der einen starken Bart hatte und fast wunderlich aussah, also daß ihm nicht recht zu trauen war. Der sagt zum Wirt, ehe er etwas zu essen und zu trinken fordert: „Habt Ihr keinen Barbier im Ort, der mich rasieren kann?“ Der Wirt sagt ja und holt den Barbier. Zu dem sagt der Fremde: „Ihr sollt mir den Bart abnehmen, aber ich habe eine kitzlige Haut. Wenn Ihr mich nicht ins Gesicht schneidet, so zahle ich Euch vier Kronentaler. Wenn Ihr mich aber schneidet, so stech ich Euch tot. Ihr wäret nicht der erste.“ Wie der erschrockene Mann das hörte, und das spitzige, kalte Eisen lag auf dem Tisch, so springt er fort und schickt den Gesellen. Zu dem sagt der Herr das nämliche. Wie der Gesell das hört, springt er ebenfalls fort und schickt den Lehrjungen. Der Lehrjunge läßt sich blenden von dem Geld und denkt: „Ich wag's. Geratet es und ich schneide ihn nicht, so kann ich mir für vier Kronentaler einen neuen Rock auf die Kirchweih kaufen und einen Schnepper. Geratet's nicht, so weiß ich, was ich tue“, und rasiert den Herrn. Der Herr hält ruhig still, weiß nicht, in welcher entsetzlichen Todesgefahr er ist, und der verwegene Lehrjunge spaziert ihm auch ganz kaltblütig mit dem Messer im Gesicht und um die Nase herum, als wenn's nur um einen Sechser oder im Fall eines Schnittes um ein Stücklein Zunder oder Fließpapier darauf zu tun wäre und nicht um vier Kronentaler und um ein Leben, und bringt ihm glücklich den Bart aus dem Gesicht ohne Schnitt und Blut und dachte doch, als er fertig war: „Gottlob!“ Als aber der Herr aufgestanden war und sich im Spiegel beschaut und abgetrocknet hatte und gibt dem Jungen die vier Kronentaler, sagt er zu ihm: „Aber junger Mensch, wer hat dir den Mut gegeben, mich zu rasieren, so doch dein Herr und der Gesell sind fortgesprungen? Denn wenn du mich geschnitten hättest, so hätt' ich dich erstochen.“ Der Lehrjunge aber bedankte sich lächelnd für das schöne Stück Geld und sagte: „Gnädiger Herr, Ihr hättet mich nicht erstochen, sondern wenn Ihr gezuckt hättet und ich hätt' Euch ins Gesicht geschnitten, so wär' ich Euch zuvorgekommen, hätt' Euch augenblicklich die Gurgel durchgehauen und wäre auf und davon gesprungen.“ Als aber der fremde Herr das hörte und an die Gefahr dachte, in der er gesessen war, ward er erst blaß vor Schrecken und Todesangst, schenkte dem Burschen noch einen Kronentaler extra und hat seitdem zu keinem Barbier mehr gesagt: „Ich steche dich tot, wenn du mich schneidest.“

**AB 10**

Die Ballade „Der rechte Barbier“ von Adelbert von Chamisso ist in Abschnitte unterteilt. Diese Abschnitte nennt man Strophen.

**Info 2 und 3**

Die Kalendergeschichte „Der Barbierjunge von Segringen“ von Johann Peter Hebel ist dagegen als fortlaufender Text geschrieben.

- *Lies beide Texte.*
  *Finde in dem Text „Der Barbierjunge von Segringen“ die Textabschnitte, die den Strophen in der Ballade „Der rechte Barbier“ entsprechen. Markiere diese Abschnitte im Text mit diesem Zeichen:* ⌐L

  Die Ballade hat _______ Strophen.

  Die Kalendergeschichte habe ich in ______ Abschnitte eingeteilt.

- *Schneide die gefundenen Textabschnitte aus. Klebe sie neben die entsprechenden Strophen der Ballade „Der rechte Barbier“ auf eine große Pappe.*

Die erste Strophe der Ballade unterscheidet sich vom Inhalt her vom ersten Absatz der Kalendergeschichte.

*Gib mit eigenen Worten den Inhalt der ersten Strophe wieder:*

______________________________________________

______________________________________________

______________________________________________

______________________________________________

______________________________________________

______________________________________________

*Gib mit eigenen Worten den Inhalt des ersten Absatzes wieder:*

______________________________________________

______________________________________________

______________________________________________

______________________________________________

______________________________________________

______________________________________________

AB 11

*Schreibe die erste Strophe so um, als wenn sie Hebel für seine Kalendergeschichte geschrieben hätte.*

*Umgekehrt kannst du auch versuchen, den ersten Abschnitt der Kalendergeschichte in eine Strophe umzuschreiben.*
*Wie aber kannst du eine Strophe schreiben?*
*Sieh dir die Strophen der Ballade genau an.*
*Was trifft auf <u>alle</u> Strophen zu?*

**Info 2 und 3**

**AB 12**

In den Texten „Der rechte Barbier“ und „Der Barbierjunge von Segringen“ geht es um einen Barbier.
Ein Barbier – was ist das?

- ❑ ein Wüstentier
- ❑ anderes Wort für Rhabarber
- ❑ alte Berufsbezeichnung für Hairstylist

*Welche Worte kannst du an Stelle von „Barbier“ in den Texten noch verwenden. Schreibe andere Bezeichnungen hier auf. (Schlage dazu in Wörterbüchern nach.)*

______________________________

______________________________

______________________________

______________________________

Nicht nur das Wort Barbier kannst du durch andere ersetzen. Ebenso kannst du für „Spätjahr“ „Winter“ sagen, für „Wirtshaus“ „Kneipe“, usw.

*Suche in einem der Texte für viele Wörter andere Möglichkeiten, und schreibe den Text dann mit den neuen Wörtern auf.*
*Übe, den Text vorzulesen.*

| Wort im Text | Wortalternative |
|---|---|
| Spätjahr | Winter<br>Jahresende<br>Vorweihnachtszeit |
| | |
| | |
| | |
| | |

*Lies den Text dann deiner Nachbarin/deinem Nachbarn mit den anderen Wörtern vor.*

AB 13

# John Maynard
(Theodor Fontane)

John Maynard!
„Wer ist John Maynard?"
„John Maynard war unser Steuermann,
Aus hielt er, bis er das Ufer gewann,
Er hat uns gerettet, er trägt die Kron,
Er starb für uns, unsre Liebe sein Lohn. John Maynard."

*

Die „Schwalbe" fliegt über den Eriesee,
Gischt schäumt um den Bug wie Flocken von Schnee;
Von Detroit fliegt sie nach Buffalo –
Die Herzen aber sind frei und froh,
Und die Passagiere mit Kindern und Fraun
Im Dämmerlicht schon das Ufer schaun',
Und plaudernd an John Maynard heran
Tritt alles. „Wie weit noch, Steuermann?"
Der schaut nach vorn und schaut in die Rund:
„Noch dreißig Minuten ... Halbe Stund."

Alle Herzen sind froh, alle Herzen sind frei
Da klingt's aus dem Schiffsraum her wie ein Schrei,
„Feuer!" war es, was da klang,
Ein Qualm aus Kajüte und Luke drang,
Ein Qualm, dann Flammen lichterloh,
Und noch zwanzig Minuten bis Buffalo.

Und die Passagiere, buntgemengt,
Am Bugspriet stehn sie zusammengedrängt,
Am Bugspriet vorn ist noch Luft und Licht,
Am Steuer aber lagert sich's dicht,
Und ein Jammern wird laut: „Wo sind wir? wo?"
Und noch fünfzehn Minuten bis Buffalo. –

Der Zugwind wächst, doch die Qualmwolke steht,
Der Kapitän nach dem Steuer späht,
Er sieht nicht mehr seinen Steuermann,
Aber durchs Sprachrohr fragt er an:
„Noch da, John Maynard?" „Ja, Herr. Ich bin."
„Auf den Strand! In die Brandung!" „Ich halte drauf hin."
Und das Schiffsvolk jubelt: „Halt aus! Hallo!"
Und noch zehn Minuten bis Buffalo. –

„Noch da, John Maynard?" Und Antwort schallt's
Mit ersterbender Stimme: „Ja, Herr, ich halt's!"
Und in die Brandung, was Klippe, was Stein,
Jagt er die „Schwalbe" mitten hinein.
Soll Rettung kommen, so kommt sie nur so.
Rettung: der Strand von Buffalo!

*

Das Schiff geborsten. Das Feuer verschwelt.
Gerettet alle. Nur *einer* fehlt!

*

Alle Glocken gehn; ihre Töne schwelln
Himmelan aus Kirchen und Kapelln,
Ein Klingen und Läuten, sonst schweigt die Stadt,
Ein Dienst nur, den sie heute hat:
Zehntausend folgen oder mehr,
Und kein Aug im Zuge, das tränenleer.

Sie lassen den Sarg in Blumen hinab,
Mit Blumen schließen sie das Grab,
Und mit goldner Schrift in den Marmorstein
Schreibt die Stadt ihren Dankspruch ein:
„Hier ruht John Maynard! In Qualm und Brand
Hielt er das Steuer fest in der Hand,
Er hat uns gerettet, er trägt die Kron,
Er starb für uns, unsre Liebe sein Lohn. John Maynard."

„Noch da, John Maynard?" Und Antwort schallt's
Mit ersterbender Stimme: „Ja, Herr, ich halt's!"
Und in die Brandung, was Klippe, was Stein,
Jagt er die „Schwalbe" mitten hinein.
Soll Rettung kommen, so kommt sie nur so.
Rettung: der Strand von Buffalo!

*

Das Schiff geborsten. Das Feuer verschwelt.
Gerettet alle. Nur *einer* fehlt!

*

Alle Glocken gehn; ihre Töne schwelln
Himmelan aus Kirchen und Kapelln,
Ein Klingen und Läuten, sonst schweigt die Stadt,
Ein Dienst nur, den sie heute hat:
Zehntausend folgen oder mehr,
Und kein Aug im Zuge, das tränenleer.

Sie lassen den Sarg in Blumen hinab,
Mit Blumen schließen sie das Grab,
Und mit goldner Schrift in den Marmorstein
Schreibt die Stadt ihren Dankspruch ein:
„Hier ruht John Maynard! In Qualm und Brand
Hielt er das Steuer fest in der Hand,
Er hat uns gerettet, er trägt die Kron,
Er starb für uns, unsre Liebe sein Lohn. John Maynard."

**AB 14**

Die Ballade erzählt das Ereignis eines Schiffsunglücks.
Der Titel der Ballade heißt „John Maynard“.

Wer ist John Maynard? ______________________________________________

Das Schiff, von dem hier erzählt wird, heißt ______________________________

Auf dem Weg von __________________ nach ____________________ passiert das Unglück.

*Suche die Orte im Atlas heraus, und zeichne eine kleine Skizze der Reiseroute. Trage den Unfallort ein!*

Kurz vor dem Ziel der Reise bricht ______________________ aus. Am ________________ herrscht starker Qualm. Die _____________________ sammeln sich am _______________, weil sie es nur dort noch gut aushalten. Um das Leben der Passagiere zu retten, gibt der Kapitän dem ____________________________ den Befehl: ________________________________.

Es gelingt dem ____________________ das Schiff in die ____________________ zu steuern.

Zwar wird dabei das Schiff __________________, aber alle Passagiere und Besatzungsmitglieder werden gerettet, bis auf ____________________.

**AB 15**

Du bist auf dem Schiff ein Passagier. Erkennst du dich auf dem Bild wieder?

Nein?

Sah das Schiff womöglich ganz anders aus?

Auf welcher Art von Schiff war John Maynard Steuermann?
*Beschreibe aus deiner Erinnerung als Passagier das Schiff genau. Du kannst dir zusätzlich auch Bilder von Schiffen suchen und dazu ein Bild malen.*

Als Passagier hast du das Unglück überlebt. Aber wie war das genau? In eurer Kabine packtest du gerade mit deiner Mutter die letzten Sachen in euren Koffer, als ihr den Schrei „FEUER" hörtet.
*Schreibe doch einmal genau auf, wie ihr an Deck gekommen seid!*

Vielleicht erinnerst du dich auch noch an die Einzelheiten:
Wie haben die Gänge während des Brandes unter Deck ausgesehen?
Wie haben sich die anderen Passagiere verhalten?
Hast du vom Bugspriet aus die Küste gesehen?
Was sagte dir deine Mutter?

**AB 16**

Im Andenken an John Maynard folgen viele Menschen dem Sarg des Steuermanns. Auf den Grabstein lassen sie einen Spruch eingravieren. *Gestalte den Grabstein.*

AB
17

# Eine Bildergeschichte

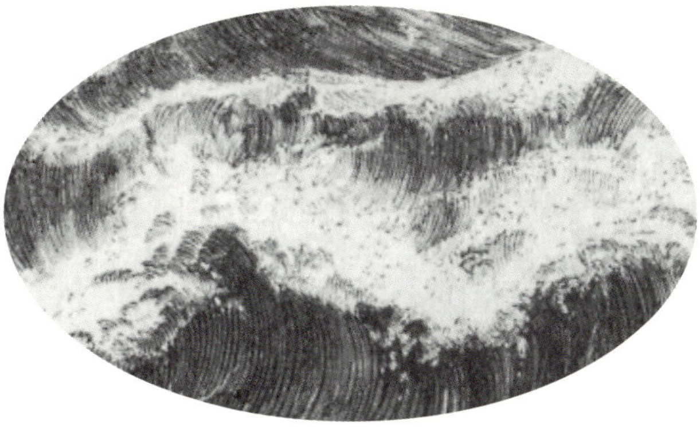

*Schreibe zu den Bildern eine Geschichte. Achte auf die Reihenfolge der Bilder und verändere sie nicht.*

*Wenn du die Bildergeschichte geschrieben hast, schneide die Bilder aus. Klebe sie untereinander auf die Mittellinie einer großen Pappe.*

*Zerschneide danach deine Bildergeschichte, so dass die entstehenden Textabschnitte zu den Bildern passen.
Klebe die Textabschnitte nun links neben die Bilder.*

AB 18

# Nis Randers

(Otto Ernst)

Krachen und Heulen und berstende Nacht,
Dunkel und Flammen in rasender Jagd –
Ein Schrei durch die Brandung!

Und brennt der Himmel, so sieht man's gut:
Ein Wrack auf der Sandbank! Noch wiegt es die Flut;
Gleich holt sich's der Abgrund.

Nis Randers lugt – und ohne Hast
Spricht er: „Da hängt noch ein Mann im Mast;
Wir müssen ihn holen."

Da faßt ihn die Mutter: „Du steigst mir nicht ein:
Dich will ich behalten, du bliebst mir allein,
Ich will's, deine Mutter!

Dein Vater ging unter und Momme, mein Sohn;
Drei Jahre verschollen ist Uwe schon,
Mein Uwe, mein Uwe!"

Nis tritt auf die Brücke. Die Mutter ihm nach!
Er weist nach dem Wrack und spricht gemach:
„Und *seine* Mutter?"

Nun springt er ins Boot, und mit ihm noch sechs:
Hohes, hartes Friesengewächs;
Schon sausen die Ruder.

Boot oben, Boot unten, ein Höllentanz!
Nun muß es zerschmettern ...! Nein: es blieb ganz!
Wie lange? Wie lange?

Mit feurigen Geißeln peitscht das Meer
Die menschenfressenden Rosse daher;
Sie schnauben und schäumen.

Wie hechelnde Hast sie zusammenzwingt!
Eins auf den Nacken des andern springt
Mit stampfenden Hufen!

Drei Wetter zusammen! Nun brennt die Welt!

**AB 19**

In der Ballade „Nis Randers“ wird wie in der Ballade „John Maynard“ ein Schiffsunglück geschildert.
*Notiere dir, von welchen Personen in dem Text die Rede ist.*

| | | |
|---|---|---|
| | | |
| | | |
| | | |

*Von wo erlebt Nis Randers das Schiffsunglück?*

_______________________________________________

Warum möchte die Mutter nicht, dass Nis den Schiffbrüchigen zu Hilfe kommt?

_______________________________________________

_______________________________________________

_______________________________________________

_______________________________________________

Die Mutter möchte nicht, dass Nis Randers mit dem Rettungsboot rausfährt.
Was erwidert Nis der Mutter?
*Schreibe die Zeile auf.*

_______________________________________________

*Erzähle in eigenen Worten, was die Mutter vom Ufer aus erlebt.*

_______________________________________________

_______________________________________________

_______________________________________________

_______________________________________________

_______________________________________________

_______________________________________________

_______________________________________________

_______________________________________________

_______________________________________________

**AB 20**

Deine Textvorlage der Ballade endet mit den Zeilen:

***Drei Wetter! Nun brennt die Welt!***

Otto Ernst hat diesen Zeilen noch sechs weitere hinzugefügt. Was er geschrieben hat, wirst du später sehen.
Wie aber würdest du den Text weiterführen?

*Schreibe das Ende der Ballade auf das Arbeitsblatt 18.*

Auch wenn du den Text
Nicht gleich in Vers- und Strophenform
Formulieren kannst,
Gib deinem Text die äußere Form
der Strophen in
Otto Ernst Ballade.

**Info 2 und 3**

*Sieh dir die Bilder auf der Pappe (AB 17) noch einmal genau an. Zerschneide die Ballade in Textteile, die zu den Bildern passen. Klebe diese Teile auf die rechte Seite der Pappe.*

*Bereite das Vorlesen beider Texte für die Nachbesprechung vor.*

# Kohlen für Mike

(Bertolt Brecht)

1

2
Aber jede Nacht von den donnernden Zügen der Wheeling Railroad
Warfen die Bremser einen Kohlenklumpen
Über die Zaunlatten in den Kartoffelgarten
Mit rauher Stimme ausrufend in Eile:
Für Mike!

3
Und jede Nacht, wenn der Kohlenklumpen für Mike
An die Rückwand der Hütte schlug
Erhob sich die Alte, kroch
Schlaftrunken in den Rock und räumte zur Seite den Kohlenklumpen,
Geschenk der Bremser an Mike, den Gestorbenen, aber nicht Vergessenen.

4
Sie aber erhob sich so lange vor Morgengrauen und räumte
Ihre Geschenke aus den Augen der Welt, damit nicht
Die Bremser in Ungelegenheiten kämen
Bei der Wheeling Railroad.

5
Dieses Gedicht ist gewidmet den Kameraden
Des Bremsers Mike McCoy
(Gestorben wegen zu schwacher Lunge
Auf den Kohlenzügen Ohios)
Für Kameradschaft.

AB 22

# Vervollständigen einer Ballade

Wie du gesehen hast, fehlt der Ballade „Kohlen für Mike“ von Bertolt Brecht die erste Strophe. Du findest unten auf diesem Blatt die Wörter, die Brecht für die erste Strophe verwendet hat.

*Schneide die Textblöcke aus und schiebe sie so lange hin und her, bis du meinst, für die erste Strophe eine Möglichkeit gefunden zu haben, die zu den folgenden Strophen passt!*
Wenn es dir notwendig erscheint, darfst du auch weitere kleine Veränderungen vornehmen:
z. B. die Textblöcke nochmals teilen,
Wörter so verändern, dass die „Grammatik stimmt“ …

*Wenn du mit dem Ergebnis zufrieden bist, schreibe deine Version auf.*
Bevor du dich endgültig entscheidest, solltest du aber die anderen Arbeitsblätter zu dieser Ballade bearbeitet haben.

Info 2 und 3

ZU BEGINN DIESES JAHRHUNDERTS

MIKE McCOY

HABE

DASS

ZU BIDWELL

GEHÖRT

ICH

MIT NAMEN

IN ARMUT

EIN WEIB

MARY McCOY

WITWE EINES STRECKENWÄRTERS

IN OHIO

WOHNTE

AB 23

# Romanausschnitt zur Ballade

Hier findest du einen (etwas gekürzten) Ausschnitt aus Sherwood Andersons Roman „The Poor White" von 1921, der 1925 mit dem deutschen Titel „Der arme Weiße" erschienen ist.

...
Mrs. McCoys Haus, (war) ein kleiner Fachwerkbau; dicht an der Rückseite vorüber liefen die Gleise der Wheeling Railroad. Die Streckenarbeiter hatten ihren alten Kameraden Mike McCoy nicht vergessen und wollten seiner Witwe Gutes erweisen.
Zuweilen warfen sie halbverfaulte Eisenbahnschwellen über den Zaun auf ein Stück Kartoffelland hinter dem Hause. Nachts, wenn die schwerbeladenen Kohlenzüge vorüberstampften, warfen die Bremser große Kohlenklumpen über den Zaun. Jedesmal wenn ein Zug vorüberfuhr, wachte die Witwe auf. Wenn einer der Bremser einen Kohlenklumpen über den Zaun warf, machte er durch einen Ruf auf sich aufmerksam, und seine Stimme übertönte das Stampfen der Waggons. „Für Mike", schrie er. Manchmal zertrümmerte einer der Kohlenklumpen eine Zaunlatte ... Wenn der Zug vorüber war, verließ die Witwe ihr Bett und schaffte die Kohlen ins Haus. „Sie dürfen hier bei Tageslicht nicht herumliegen, sonst bringe ich die Jungen in Ungelegenheiten", sagte sie erklärend ...[1]

*Partnerarbeit:*
*Suche dir eine Mitschülerin oder einen Mitschüler. Einigt euch, wer das laute Vorlesen der Ballade und wer das Vorlesen des Romanausschnitts vorbereitet.*

*Sucht euch eine „ruhige Ecke", und lest euch gegenseitig die Texte vor.*
*Notiert, wie die beiden Texte auf euch wirken.*

1 Anderson, Sherwood, Der arme Weiße, Freiburg i. Br., 1963, S. 233

**AB 24**

*Beantworte folgende Fragen zur Ballade „Kohlen für Mike“ von Bertolt Brecht. Notiere auch, in welcher Strophe bzw. in welchen Strophen du die Antwort gefunden hast.*

Wann haben sich die geschilderten Ereignisse abgespielt? ______________________________

Wo spielt die Geschichte? ______________________________

Welche Berufe hat Mike McCoy vor seinem Tod ausgeübt? (Wenn du ganz genau liest, wirst du finden, dass Brecht zwei Berufsbezeichnungen angibt.)

______________________________

**Information:**

Streckenwärter:
Mitarbeiter einer Eisenbahngesellschaft, der die Strecke (Gleise, Weichen ...) überprüft.

Bremser:
Die Bremssysteme der Züge der damaligen Zeit unterscheiden sich technisch von den heutigen: Die Anhänger wurden nicht von der Lokomotive aus gebremst. An einigen Wagen befanden sich Bremserhäuschen, in denen Mitarbeiter der Eisenbahngesellschaften, die Bremser, saßen und die Bremsen für die Waggons betätigten.

*der Streckenwärter*

*der Bremser*
*das Bremserhäuschen*

An welcher Krankheit ist Mike McCoy verstorben?

______________________________

Wie lebte seine Frau Mary nach Mikes Tod?

______________________________

Warum warfen die Bremser der Wheeling Railroad Kohlenklumpen in den Garten der Mary McCoy?

______________________________

Warum räumte Mary McCoy diese Kohlenklumpen schon vor dem Morgengrauen „aus den Augen der Welt“?

______________________________

______________________________

Wem widmet Brecht das Gedicht? Welchen Grund nennt er dafür?

______________________________

______________________________

AB 25

# Der Zauberlehrling

(Johann Wolfgang von Goethe)

Hat der alte Hexenmeister
Sich doch einmal wegbegeben!
Und nun sollen seine Geister
Auch nach meinem Willen leben.
Seine Wort' und Werke
Merkt' ich und den Brauch,
Und mit Geistesstärke
Tu' ich Wunder auch.

Walle! walle
Manche Strecke,
Daß zum Zwecke
Wasser fließe,
Und mit reichem, vollem Schwalle
Zu dem Bade sich ergieße!

Und nun komm, du alter Besen!
Nimm die schlechten Lumpenhüllen!
Bist schon lange Knecht gewesen;
Nun erfülle meinen Willen!
Auf zwei Beinen stehe,
Oben sei ein Kopf,
Eile nun und gehe
Mit dem Wassertopf!

Walle! walle
Manche Strecke,
Daß zum Zwecke
Wasser fließe,
Und mit reichem, vollem Schwalle
Zu dem Bade sich ergieße!

Seht, er läuft zum Ufer nieder;
Wahrlich! ist schon an dem Flusse,
Und mit Blitzesschnelle wieder
Ist er hier mit raschem Gusse.
Schon zum zweiten Male!
Wie das Becken schwillt!
Wie sich jede Schale
Voll mit Wasser füllt!

Stehe! stehe!
Denn wir haben
Deiner Gaben
Vollgemessen! –
Ach, ich merk' es! Wehe! wehe!
Hab' ich doch das Wort vergessen!

Ach, das Wort, worauf am Ende
Er das wird, was er gewesen.
Ach, er läuft und bringt behende!
Wärst du doch der alte Besen!
Immer neue Güsse
Bringt er schnell herein,
Ach! und hundert Flüsse
Stürzen auf mich ein.

Nein, nicht länger
Kann ich's lassen;
Will ihn fassen.
Das ist Tücke!
Ach! nun wird mir immer bänger!
Welche Miene! welche Blicke!

O, du Ausgeburt der Hölle!
Soll das ganze Haus ersaufen?
Seh' ich über jede Schwelle
Doch schon Wasserströme laufen.
Ein verruchter Besen,
Der nicht hören will!
Stock, der du gewesen,
Steh doch wieder still!

Willst's am Ende
Gar nicht lassen?
Will dich fassen,
Will dich halten,
Und das alte Holz behende
Mit dem scharfen Beile spalten.

Seht, da kommt er schleppend wieder!
Wie ich mich nun auf dich werfe.
Gleich, o Kobold, liegst du nieder;
Krachend trifft die glatte Schärfe!
Wahrlich, brav getroffen!
Seht, er ist entzwei!
Und nun kann ich hoffen,
Und ich atme frei!

Wehe! wehe!
Beide Teile
Stehn in Eile
Schon als Knechte
Völlig fertig in die Höhe!
Helft mir, ach! ihr hohen Mächte!

Und sie laufen! Naß und nässer
Wird's im Saal und auf den Stufen.
Welch entsetzliches Gewässer!
Herr und Meister! hör' mich rufen! –
Ach, da kommt der Meister!
Herr, die Not ist groß!
Die ich rief, die Geister,
Werd' ich nun nicht los.

„In die Ecke,
Besen! Besen!
Seid's gewesen!
Denn als Geister
Ruft euch nur zu seinem Zwecke
Erst hervor der alte Meister."

**AB 26.1**

*Bevor du die folgenden Blätter bearbeitest, solltest du die Ballade „Der Zauberlehrling" noch mehrmals lesen und versuchen, dir den Text gut einzuprägen.*
*Notiere hier, wie oft du die Ballade gelesen hast:*

---

*„Der Zauberlehrling" ist hier noch einmal abgedruckt. Es fehlen aber etliche Wörter, die du ergänzen musst. Dabei solltest du nicht im vollständigen Text nachsehen.*

. □ *Jeder Punkt und jedes Rechteck stehen für einen Buchstaben.*
*Ü, ä usw. gelten als ein Buchstabe.*

**Der Zauberlehrling**

Hat □ . . alte Hexenmeister
Sich doch einmal wegbegeben!
Und nun sollen seine . . □ . . . .
Auch nach meinem Willen leben.
Seine Wort' und Werke
Merkt' ich und den Brauch,
Und mit Geistesstärke
Tu' ich Wunder auch.

Walle! walle
Manche Strecke,
Daß zum Zwecke
Wasser . . . □ . . ,
Und mit reichem, vollen Schwalle
Zu dem Bade sich ergieße!

Und nun komm, du alter Besen!
Nimm die schlechten Lumpenhüllen!
Bist schon lange Knecht gewesen;
Nun erfülle meinen . □ . . . . !
Auf zwei Beinen stehe,
Oben sei ein Kopf
Eile nun und gehe
Mit dem . . . . . . . . . . !

Walle! walle
Manche Strecke,
Daß zum Zwecke
Wasser fließe,
Und mit reichem, vollem . □ □ . . . . .
Zu dem Bade sich . □ . . . . . !

Seht, er läuft zum Ufer . □ □ . . . ;
Wahrlich! ist schon an dem □ . . . . . ,
Und mit Blitzesschnelle wieder
Ist er hier mit raschem Gusse.
Schon zum zweiten Male!
Wie das Becken schwillt!
Wie sich . . □ . Schale
Voll mit Wasser füllt!

Stehe! stehe!
Denn wir haben
Deiner Gaben
Vollgemessen! –
Ach, ich merk' es! Wehe! wehe!
Hab' ich doch das Wort vergessen!

Ach, das Wort worauf am Ende
Er das . □ . . , was er gewesen.
Ach, er läuft und bringt . . . □ . . . !
Wärst du doch der alte Besen!
Immer neue □ . . . .
Bringt er schnell . . . □ □ . ,
Ach! und hundert Flüsse
□ □ . . . . . auf mich ein.

Nein, nicht länger
Kann ich's lassen;
Will ihn fassen.
Das ist Tücke!
Ach, nun wird mir immer . . . . □ □ !
Welche Miene! welche Blicke!

O, du Ausgeburt der Hölle!
Soll das ganze Haus ersaufen?
Seh' ich über jede . . . □ □ . . .
Doch schon Wasserströme laufen.
Ein . . . . . . . . . □ Besen,
Der nicht hören will!
Stock, □ . . du gewesen,
Steh doch wieder still!

. . . . . . □ . am Ende
Gar nicht lassen?
Will dich fassen,
Will dich halten,
Und das Holz behende
Mit dem scharfen Beile spalten.

**AB 26.2**

Seht, da kommt er schleppend wieder!
Wie ich mich nun auf dich werfe.
Gleich, o Kobold, liegst du nieder;
Krachend trifft die glatte Schärfe!
Wahrlich, brav getroffen!
Seht, er ist entzwei!
Und nun kann ich hoffen,
Und ich atme frei!

Wehe! wehe!
Beide Teile
Stehn in Eile
Schon als Knechte
Völlig fertig in die Höhe!
Helft . □ . , . □ □ ! ihr hohen Mächte!

Und sie laufen! Naß und nässer
Wird's im Saal . □ . . □ . . . □ Stufen
Welch . □ . . . . . . . . . . . Gewässer!
Herr und Meister! Hör' . □ □ □ rufen! –
Ach, da kommt der Meister!

Herr, die . . □ ist groß!
Die ich rief, die Geister,
Werd' ich nun nicht los.

„In die Ecke,
Besen, Besen!
Seid's gewesen!

Denn . □ . Geister
Ruft euch nur zu seinem Zwecke
Erst . . . . □ . der alte . . . □ . . . ."

*Wenn du die Buchstaben in den Rechtecken zusammenfügst, erhältst du als Lösungssatz zwei Verse aus der Ballade:*

□□□ □□□ □□□□, □□□ □□□□□□□,
□□□□□ □□□ □□□ □□□□□ □□□.

Info 2 und 3

*Diese beiden Verse werden häufig zitiert.*
*Kannst du dir vorstellen, in welchen Zusammenhängen dies geschehen könnte?*

*Wenn du möchtest, kannst du zu diesen beiden Versen eine ✂ Collage ✂ erstellen!*

Um eine Collage zu erstellen, schneidest du zum Thema passende Fotos und Zeichnungen aus Zeitschriften aus. Diese legst du auf ein großes Blatt, schiebst sie so lange hin und her, bis sie nach deiner Meinung die Wirkung beim Betrachter erreichen, die du anstrebst. Dann klebst du sie auf.
Selbstverständlich kannst du auch eigene Zeichnungen hinzufügen oder alles selbst zeichnen.

# Schattenspiel

Bei einem Schattenspiel werden
entweder
ausgeschnittene Figuren hinter einer beleuchteten, durchsichtigen Fläche (Leinwand) bewegt („Figurenschattentheater“)

1 Lichtquelle(n) (z.B. Diaprojektor, Tageslichtprojektor; auch verschiedene Lichtquellen kombiniert einsetzbar)
2 Leinwand
3a Schattenfigur
3b Spielstab
4 Spieler, evtl. mehrere Personen (für Zuschauer unsichtbar)
5 Sprecher (mehrere Personen, wenn Text auf verschiedene Sprechrollen verteilt)
6 Zuschauer

oder
der Schatten sich bewegender Menschen wird auf der Leinwand abgebildet („Menschenschattenspiel“).

Das (Figuren-)Schattenspiel hat seinen Ursprung in Indien oder China. Dort war es schon vor tausend Jahren bekannt. Besonders kunstvoll wurde es in Java und Bali entwickelt.
Es kam über verschiedene orientalische Länder nach Italien und von dort im 17. Jahrhundert nach Deutschland.

Vielleicht habt ihr Lust, die Ballade „Der Zauberlehrling“ nicht nur zu lesen, sondern als Figurenschattentheater aufzuführen. Dann müsst ihr
- Figuren aus schwarzer Pappe oder dünnem Sperrholz
- Kulissen und Requisiten anfertigen
- eine Bühne vorbereiten
- und einen Spielplan entwickeln.

Natürlich könnt ihr auch Musik hinzufügen, mit farbigen Effekten experimentieren und ... eure Ideen sind gefragt!

# Der Spielplan

Ihr müsst den Vortrag der Ballade und den Spielverlauf des Theaters sehr genau aufeinander abstimmen. Dazu solltet ihr einen Spielplan erstellen. Wie dessen Anfang aussehen könnte, zeigt das folgende Beispiel.

| Spiel der Figuren | Sprecher | Text | Licht, Musik … |
|---|---|---|---|
| – Der alte Hexenmeister geht im Zimmer auf und ab. | | | |
| | | | Licht an! |
| – Der alte Hexenmeister hantiert weiter im Zimmer herum, bleibt unschlüssig stehen, geht dann ab. | | | |
| – Der Zauberlehrling betritt das Zimmer, er sieht dem alten Meister nach. | | | |
| | A | Hat der alte Hexenmeister<br>sich doch einmal wegbegeben | |
| | | **kurze Sprechpause** | |
| | | Und nun sollen seine Geister | |

(Kopiervorlagen des Spielplans könnt ihr bei eurer Lehrerin oder eurem Lehrer bekommen.)

Achtet darauf, dass
- die Figuren <u>ruhig</u> bewegt werden,
- die Sprecher <u>langsam</u> und <u>sehr deutlich</u> sprechen.

Die Sprechpausen müssen auf das Spiel abgestimmt werden!

**AB 27.3**

Spielplan

| Spiel der Figuren | Sprecher | Text | Licht, Musik … |
|---|---|---|---|
| | | | |

AB
27.4

# Spielfiguren

Für den Fall, dass ihr euch an die Erstellung der Figuren nicht heranwagt, findet ihr hier Gestaltungsvorschläge. Aber noch schöner wäre es, ihr würdet die Figuren nach euren eigenen Vorstellungen und Ideen entwickeln und gestalten.

Nach dem Ausschneiden der Figuren aus Pappkarton oder Pappe befestigt ihr diese zum Führen an einer dünnen Holzleiste oder an einem Draht.
Sollen die Figuren bewegliche Glieder (z. B. Arme, Wassereimer, Zauberstab ...) bekommen, werden diese mit Musterklammern befestigt.

---

**Die verzauberten Besen**

(Diese Figur benötigt ihr zweimal)

Der alte
Hexenmeister

und der Zauberlehrling

**Info 1**

# Lesen

Du sollst dich jetzt darauf vorbereiten, Balladen gut vorlesen zu können.
Dazu musst du die Ballade mehrmals laut lesen (in der Klasse, während deine Mitschüler arbeiten, nur in einer Lautstärke, dass du dich gerade noch selbst verstehen kannst). Dann merkst du, wo du langsam, schneller, lauter, leiser lesen, wo du Pausen machen musst …
Es kann sehr hilfreich sein, wenn du dir in den Text entsprechende Zeichen einträgst. Hinweise, wie du dies tun kannst, gibt dir die folgende Übersicht.

| Sprechweise | Zeichen | Beispiel |
|---|---|---|
| erzählend, berichtend | \|<br>\|<br>\|<br>\| | \| Vor seinem Löwengarten,<br>\| Das Kampfgeschrei zu erwarten,<br>\| Saß König Franz,<br>\| Und um ihn die Großen der Krone,<br>\| Und rings auf hohem Balkone<br>\| Die Damen in schönem Kranz |
| kurzer Einschnitt | / | Und um ihn / die Großen der Krone,<br>Und rings / auf hohem Balkone |
| Pause | // | Und der Leu mit Gebrüll<br>Richtet sich auf, das wird's still // |
| gedehnt | 〰〰 | Mit langem Gähnen,<br>〰〰〰〰 |
| betont | ___ | Und zu Ritter Delorges <u>spottenderweis</u><br>Wendet sich Fräulein Kunigund: |
| Vortragstempo beschleunigend (schneller werden) | ↓ | ↓ Und der König winkt wieder,<br>Da öffnet sich behend<br>Ein zweites Tor,<br>Daraus rennt<br>Mit wildem Sprunge<br>Ein Tiger hervor. |
| lauter werden | ╱ | ╱<br>Brüllt er laut, |
| leiser werden | ╲ | Und der Leu mit Gebrüll ╲<br>Richtet sich auf, da wird's still, |
| Stimme senken | ↘ | ↘ „Den Dank, Dame, begehr ich nicht", |
| Stimme heben | ↗ | ↗ „Herr Ritter, ist Eure Lieb so heiß,<br>Wie Ihr mir's schwört zu jeder Stund, …" |
| Zeilen verbinden | ◡ | Da öffnet sich behend<br>Ein zweites Tor, ◡ |

Info 2

# Vers

*Lies die Erklärungen und bearbeite die Aufgaben!*

Ein Vers (V.) ist eine Zeile, in der betonte und unbetonte Silben oder einsilbige Wörter in einer ganz bestimmten Reihenfolge angeordnet sind.
Betonte Silben nennt man Hebungen, unbetonte Silben Senkungen.
Um dieses Baumuster zu kennzeichnen, benutzt man:
- für unbetonte Silben das x,
- für betonte Silben ein x́ als Zeichen.

Ein in Gedichten häufiger zu findendes „Baumuster" von Versen ist der Wechsel von unbetonten und betonten Silben.

V. = ........................... = eine ..........................

Hebungen: ......................................................

Senkungen: ....................................................

x : ...................................................................

x́ : ...................................................................

Beispiel:
In Mörikes Gedichtversen
*Gelassen stieg die Nacht an Land*
*Lehnt träumend an der Berge Wand.*
sind die betonten Silben unterstrichen.

Setze Silbenstriche in die Verszeilen.
Beschreibe die Abfolge betonter und unbetonter Silben:

.........................................................................

.........................................................................

Notiert man diese Abfolge betonter und unbetonter Silben in der oben beschriebenen Zeichensprache, dann ergibt sich folgendes Bild:
xx́ xx́ xx́ xx́
xx́ xx́ xx́ xx́

Die beiden folgenden Liedanfänge sind dir sicher bekannt:

*Maikäfer flieg,*
*dein Vater ist im Krieg*

*Schlaf, Kindchen, schlaf,*
*dein Vater hüt die Schaf*

Notiere jeweils beide Verse der nebenstehenden Lieder in der Zeichensprache für betonte und unbetonte Silben:

.........................................................................
.........................................................................

.........................................................................
.........................................................................

Was fällt dir auf?

.........................................................................

.........................................................................

# Strophen

Strophen (S.) gliedern Lieder, Gedichte ... in Abschnitte.
Sie bestehen aus mehreren Versen (→Vers).
Die Reimfolgen (→ Reim) sind kennzeichnend für die Strophen.

S. = ..................................................................

Info 3

# Reim

*Was soll das heißen? Notiere hier Beispiele, Worterklärungen und bearbeite die Aufgaben.*

Den Gleichklang zweier oder mehrerer Silben bezeichnet man als Reim (R.) .
Der R. ist ein sprachliches Kunstmittel, das in der Dichtung der meisten Völker vorzufinden ist.
Die Herkunft des Wortes R. ist ungewiss, es findet sich zuerst im 12. Jh.
Nach der Abfolge unterscheidet man
Reimpaare (aabb),
Kreuzreim (abab),
umarmenden R. (abba),
Schweifreim (aabccb).
Reimlose Verse nennt man Waisen.

bed**acht** – gem**acht**; Haus – ............................

R. = ..................................................................

12. Jh. = ..........................................................

Notiere das Reimschema für die nebenstehenden Strophen und nenne den Fachbegriff für die Reimfolgen.

***Ein Lied hinterm Ofen zu singen***
Matthias Claudius

*Der Winter ist ein rechter Mann,*
*Kernfest und auf die Dauer;*
*Sein Fleisch fühlt sich wie Eisen an*
*Und scheut nicht süß noch sauer.*

Reimschema: ....................................................

Fachbegriff: ......................................................

***Die Erblindende***
Rainer Maria Rilke

*Sie saß so wie die anderen beim Tee.*
*Mir war zuerst, als ob sie ihre Tasse*
*ein wenig anders als die andern fasse.*
*Sie lächelte einmal. Es tat fast weh.*

Reimschema: ....................................................

Fachbegriff: ......................................................

***Im Auto über Land***
Erich Kästner

*An besonders schönen Tagen*
*ist der Himmel sozusagen*
*wie aus blauem Porzellan.*
*Und die Federwolken gleichen*
*weißen, zart getuschten Zeichen,*
*wie wir sie auf Schalen sahn.*

Reimschema: ....................................................

Fachbegriff: ......................................................

***Luise***

*Ein Känguru hüpft unverdrossen*
*– es pfeift auf kleine Sommersprossen –*
*munter über eine Wiese.*
*Und im Beutel schnarcht Luise.*

Reimschema: ....................................................

Fachbegriff: ......................................................

# Vers

*Lies die Erklärungen und bearbeite die Aufgaben!*

Ein Vers (V.) ist eine Zeile, in der betonte und unbetonte Silben oder einsilbige Wörter in einer ganz bestimmten Reihenfolge angeordnet sind.
Betonte Silben nennt man Hebungen, unbetonte Silben Senkungen.
Um dieses Baumuster zu kennzeichnen, benutzt man:
– für unbetonte Silben das x,
– für betonte Silben ein x́ als Zeichen.
Ein in Gedichten häufiger zu findendes „Baumuster“ von Versen ist der Wechsel von unbetonten und betonten Silben.

V. = Vers = eine Zeile

Hebungen: betonte Silben

Senkungen: unbetonte Silben

x : unbetonte Silbe

x́ : betonte Silbe

Beispiel:
In Mörikes Gedichtversen
*Ge/las/sen /stieg/ die/ Nacht/ an /Land/*
*Lehnt/ träu/mend/ an/ der Ber/ge Wand/*
sind die betonten Silben unterstrichen.

Setze Silbenstriche in die Verszeilen. Beschreibe die Abfolge betonter und unbetonter Silben:

Wechsel von unbetonter und betonter Silbe

Notiert man diese Abfolge betonter und unbetonter Silben in der oben beschriebenen Zeichensprache, dann ergibt sich folgendes Bild:
xx́ xx́ xx́ xx́
xx́ xx́ xx́ xx́

Die beiden folgenden Liedanfänge sind dir sicher bekannt:

*Mai/kä/fer/ flieg/,*
*dein/ Va/ter ist/ im Krieg/*

*Schlaf,/ Kind/chen,/ schlaf/,*
*dein/ Va/ter hüt/ die/ Schaf/*

Notiere jeweils beide Verse der nebenstehenden Lieder in der Zeichensprache für betonte und unbetonte Silben:

x́ x x x́
x x́ x x́ x x́

x́ x́ x x́
x x́ x x́ x x́

Was fällt dir auf?

Beide Liedanfänge weisen die gleiche Abfolge betonter und unbetonter Silben auf.

# Strophen

Strophen (S.) gliedern Lieder, Gedichte ... in Abschnitte.
Sie bestehen aus mehreren Versen (→Vers).
Die Reimfolgen (→ Reim) sind kennzeichnend für die Strophen.

S. = Strophen

# Reim

*Was soll das heißen? Notiere hier Beispiele, Worterklärungen und bearbeite die Aufgaben.*

Den Gleichklang zweier oder mehrerer Silben bezeichnet man als Reim (R.) .
Der R. ist ein sprachliches Kunstmittel, das in der Dichtung der meisten Völker vorzufinden ist.
Die Herkunft des Wortes R. ist ungewiss, es findet sich zuerst im 12. Jh.
Nach der Abfolge unterscheidet man
Reimpaare (aabb),
Kreuzreim (abab),
umarmenden R. (abba),
Schweifreim (aabccb).
Reimlose Verse nennt man Waisen.

bed**acht** – gem**acht**; H<u>aus</u> – M<u>aus</u> (L<u>aus</u> ...)

R. = <u>Reim</u>

12. Jh. = <u>12. Jahrhundert</u>

Notiere das Reimschema für die nebenstehenden Strophen und nenne den Fachbegriff für die Reimfolgen.

***Ein Lied hinterm Ofen zu singen***
Matthias Claudius

*Der Winter ist ein rechter Mann,*
*Kernfest und auf die Dauer;*
*Sein Fleisch fühlt sich wie Eisen an*
*Und scheut nicht süß noch sauer.*

Reimschema: <u>a b a b</u>

Fachbegriff: <u>Kreuzreim</u>

***Die Erblindende***
Rainer Maria Rilke

*Sie saß so wie die anderen beim Tee.*
*Mir war zuerst, als ob sie ihre Tasse*
*ein wenig anders als die andern fasse.*
*Sie lächelte einmal. Es tat fast weh.*

Reimschema: <u>a b b a</u>

Fachbegriff: <u>umarmender Reim</u>

***Im Auto über Land***
Erich Kästner

*An besonders schönen Tagen*
*ist der Himmel sozusagen*
*wie aus blauem Porzellan.*
*Und die Federwolken gleichen*
*weißen, zart getuschten Zeichen,*
*wie wir sie auf Schalen sahn.*

Reimschema: <u>a a b c c b</u>

Fachbegriff: <u>Schweifreim</u>

***Luise***

*Ein Känguru hüpft unverdrossen*
*– es pfeift auf kleine Sommersprossen –*
*munter über eine Wiese.*
*Und im Beutel schnarcht Luise.*

Reimschema: <u>a a b b</u>

Fachbegriff: <u>Reimpaare</u>

# Die Strophen 2, 3 und 4

Friedrich Schiller steigert bei jedem Auftritt eines Raubtieres die Spannung.

*Schreibe zu jedem Bild*
*a) den Namen (die Namen) des Tieres,*
*b) die Strophe, in der es „auftritt“,*
*c) mit welchen Formulierungen Schiller den Eintritt in den Zwinger und*
*d) das Verhalten des Tieres beschreibt.*

a) Löwe

b) Strophe II

c) „mit bedächtigem Schritt“

d) „sieht sich stumm rings um“
„schüttelt die Mähnen“
„streckt die Glieder“
„legt sich nieder“

a) Tiger

b) Strophe III

c) „rennt mit wildem Sprunge“

d) „brüllt … laut“
„Schlägt mit dem Schweif einen furchtbaren Reif“
„recket die Zunge“
„scheu umgeht er den Leu grimmig schnurrend“
„streckt … sich murrend…nieder“

a) Leoparden

b) Strophe IV

d) „stürzen mit mutiger Kampfbegier auf das Tigertier“

Info 2 und 3

KB 5

# Ritter Delorges und Fräulein Kunigunde

*Notiere mit deinen eigenen Worten, wie die beiden Personen handeln:*

Strophe 6
Kunigunde fordert Delorges auf, den Handschuh aus dem Zwinger zu holen (, um ihr seine Liebe zu beweisen).

Strophe 7
Delorges steigt in den Zwinger und hebt den Handschuh auf.

Strophe 8, Vers 60
Er bringt den Handschuh zurück.

Strophe 8, Vers 62 bis 64
Kunigunde empfängt Delorges (liebevoll und zärtlich) lächelnd.

Strophe 8, Vers 65 bis 67
Delorges wirft Kunigunde den Handschuh ins Gesicht.
Er verlässt sie.

In den Texten „Der rechte Barbier“ und „Der Barbierjunge von Segringen“ geht es um einen Barbier.
Ein Barbier – was ist das?

❑ ein Wüstentier

❑ anderes Wort für Rhabarber

x alte Berufsbezeichnung für Hairstylist

*Welche Worte kannst du an Stelle von „Barbier“ in den Texten noch verwenden. Schreibe andere Bezeichnungen hier auf. (Schlage dazu in Wörterbüchern nach.)*

Bartstutzer, Figaro, Frisör, Glatzenschneider, Hairstylist,

Haarschneider, Haarkünstler, Haircutter, Stutzer ...

Nicht nur das Wort Barbier kannst du durch andere ersetzen. Ebenso kannst du für „Spätjahr“ „Winter“ sagen, für „Wirtshaus“ „Kneipe“, usw.

*Suche in einem der Texte für viele Wörter andere Möglichkeiten, und schreibe den Text dann mit den neuen Wörtern auf.*
*Übe, den Text vorzulesen.*

| Wort im Text | Wortalternative |
|---|---|
| Spätjahr | Winter<br>Jahresende<br>Vorweihnachtszeit |
| Wirtshaus | Kneipe, Schenke, Gasthaus,<br>Restaurant ... |
| spitziges, kaltes Eisen | Messer, Dolch, Klinge,<br>Schwert ... |
| Lehrjunge | Stift, Auszubildender ... |

*Lies den Text dann deiner Nachbarin/deinem Nachbarn mit den anderen Wörtern vor.*

**KB 14**

Die Ballade erzählt das Ereignis eines Schiffsunglücks.
Der Titel der Ballade heißt „John Maynard“.

Wer ist John Maynard? John Maynard war Steuermann auf einem Schiff.

Das Schiff, von dem hier erzählt wird, heißt „Schwalbe“.

Auf dem Weg von Detroit nach Buffalo passiert das Unglück.

*Suche die Orte im Atlas heraus, und zeichne eine kleine Skizze der Reiseroute. Trage den Unfallort ein!*

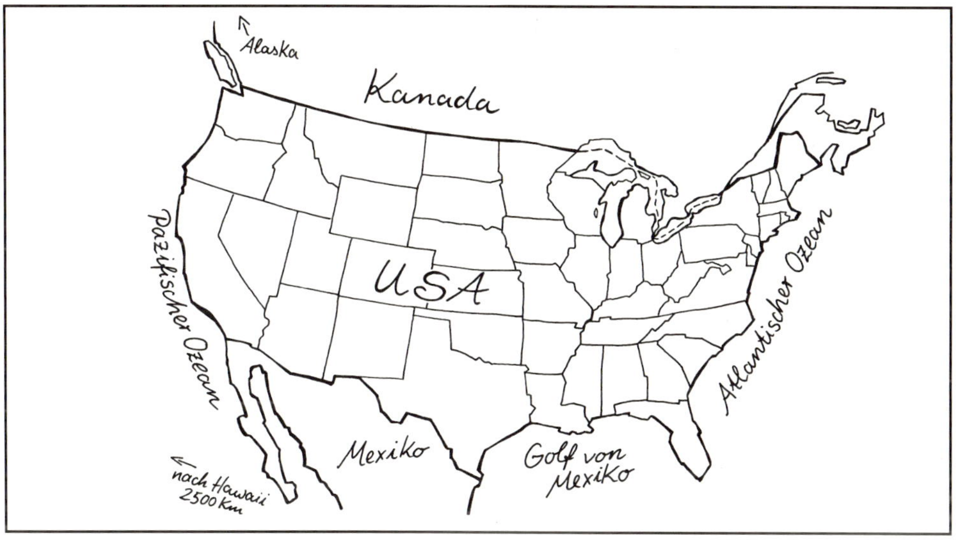


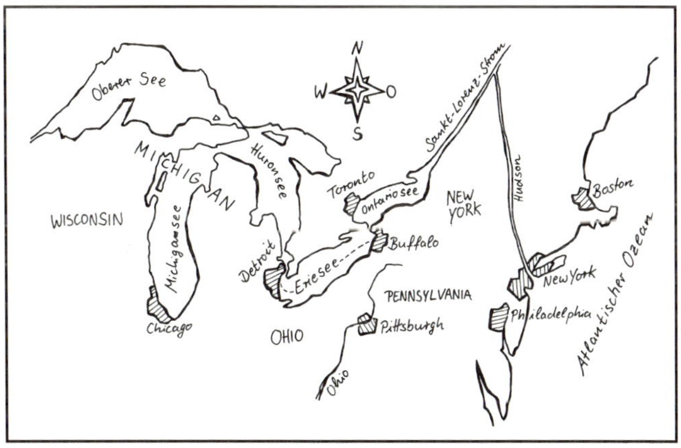


Kurz vor dem Ziel der Reise bricht Feuer aus. Am Steuerrad herrscht starker Qualm. Die Passagiere sammeln sich am Bugspriet, weil sie es nur dort noch gut aushalten. Um das Leben der Passagiere zu retten, gibt der Kapitän dem Steuermann, den Befehl: „Auf den Strand! In die Brandung“. Es gelingt dem Steuermann das Schiff in die Brandung zu steuern. Zwar wird dabei das Schiff zerstört, aber alle Passagiere und Besatzungsmitglieder werden gerettet, bis auf John Maynard.

**KB 19**

In der Ballade „Nis Randers“ wird wie in der Ballade „John Maynard“ ein Schiffsunglück geschildert.
*Notiere dir, von welchen Personen in dem Text die Rede ist.*

| | | |
|---|---|---|
| Nis Randers | ein Mann im Mast | die Mutter |
| der Vater | Momme | Uwe |
| sechs Besatzungsmitglieder des Rettungsbotes | | |

*Von wo erlebt Nis Randers das Schiffsunglück?*

Nis Randers sieht das verunglückte Schiff vom Strand aus.

Warum möchte die Mutter nicht, dass Nis den Schiffbrüchigen zu Hilfe kommt?

Die Mutter möchte nicht, dass Nis in Gefahr gerät, denn schon ihr Mann und ihr anderer Sohn Uwe sind auf dem Meer umgekommen bzw. verschollen.

Die Mutter möchte nicht, dass Nis Randers mit dem Rettungsboot rausfährt.
Was erwidert Nis der Mutter?
*Schreibe die Zeile auf.*

„Und seine Mutter?“

**KB 20**

Das Ende der Ballade, wie Otto Ernst es schrieb:

Was da? – Ein Boot, das landwärts hält –
Sie sind es! Sie kommen! – –

Und Auge und Ohr ins Dunkel gespannt ...
Still – ruft da nicht einer? – Er schreit’s durch die Hand:
„Sagt Mutter, ‘s ist Uwe!“

*Beantworte folgende Fragen zur Ballade „Kohlen für Mike" von Bertolt Brecht. Notiere auch, in welcher Strophe bzw. in welchen Strophen du die Antwort gefunden hast.*

Wann haben sich die geschilderten Ereignisse abgespielt? „Zu Beginn dieses Jahrhunderts" (Strophe 1)

Wo spielt die Geschichte? Bidwell in Ohio (Strophe 1)

Welche Berufe hat Mike McCoy vor seinem Tod ausgeübt? (Wenn du ganz genau liest, wirst du finden, dass Brecht zwei Berufsbezeichnungen angibt.)

Streckenwärter (Strophe 1), Bremser (Strophe 5)

**Information:**

Streckenwärter:
Mitarbeiter einer Eisenbahngesellschaft, der die Strecke (Gleise, Weichen ... ) überprüft.

*der Streckenwärter*

Bremser:
Die Bremssysteme der Züge der damaligen Zeit unterscheiden sich technisch von den heutigen: Die Anhänger wurden nicht von der Lokomotive aus gebremst. An einigen Wagen befanden sich Bremserhäuschen, in denen Mitarbeiter der Eisenbahngesellschaften, die Bremser, saßen und die Bremsen für die Waggons betätigten.

*der Bremser*
*das Bremserhäuschen*

An welcher Krankheit ist Mike McCoy verstorben?

an „zu schwacher Lunge" (Strophe 5)

Wie lebte seine Frau Mary nach Mikes Tod?

„in Armut" (Strophe 1)

Warum warfen die Bremser der Wheeling Railroad Kohlenklumpen in den Garten der Mary McCoy?

als „Geschenk der Bremser an Mike, den Gestorbenen aber nicht Vergessenen." (Strophe 3)

Warum räumte Mary McCoy diese Kohlenklumpen schon vor dem Morgengrauen „aus den Augen der Welt"?

„... damit nicht die Bremser in Ungelegenheiten kämen bei der Wheeling Railroad."

(Strophe 4)

Wem widmet Brecht das Gedicht? Welchen Grund nennt er dafür?

„... den Kameraden des Bremsers Mike McCoy."

„Für Kameradschaft." (Strophe 5)